中国地质大学(武汉)2021年度本科教学改革研究立项项目"多维推进经济管理学院课程思政课程群建设模式研究"(2021G15)资助

# 中国地质大学(武汉)经济管理学院课程思政教学案例选集

主 编 杨昌锐 肖建忠

**图书在版编目(CIP)数据**

中国地质大学(武汉)经济管理学院课程思政教学案例选集/杨昌锐,肖建忠主编.—武汉:中国地质大学出版社,2024.4
ISBN 978-7-5625-5814-9

Ⅰ.①中… Ⅱ.①杨… ②肖… Ⅲ.①高等学校-思想政治教育-教案(教育)-中国 Ⅳ.①G641

中国国家版本馆 CIP 数据核字(2024)第 060956 号

| | |
|---|---|
| 中国地质大学(武汉)经济管理学院<br>课程思政教学案例选集 | 杨昌锐　肖建忠　主编 |
| 责任编辑:彭　琳 | 责任校对:徐蕾蕾 |

出版发行:中国地质大学出版社(武汉市洪山区鲁磨路388号)　　邮编:430074
电　　话:(027)67883511　　传　　真:(027)67883580　　E-mail:cbb@cug.edu.cn
经　　销:全国新华书店　　　　　　　　　　　　　　　　　http://cugp.cug.edu.cn

开本:787毫米×1092毫米　1/16　　　　　　　字数:276千字　　印张:10.75
版次:2024年4月第1版　　　　　　　　　　　印次:2024年4月第1次印刷
印刷:湖北金港彩印有限公司
ISBN 978-7-5625-5814-9　　　　　　　　　　　　　　　　　　　　定价:39.00元

如有印装质量问题请与印刷厂联系调换

# 《中国地质大学(武汉)经济管理学院课程思政教学案例选集》编委会

主编：杨昌锐　　肖建忠

参编：李江敏　齐　睿　张　京　孙　涵
　　　易　明　屈文彬　王德运

# 目录

导言　课程思政建设的指导思想 …………………………（1）

## 第一章　旅游管理系课程思政……………………………（5）

　　第一节　旅游管理系课程思政建设特色 ………………（6）
　　第二节　旅游管理系课程思政建设阶段性成果 ………（6）
　　第三节　旅游管理系课程思政示范课 …………………（7）

## 第二章　经济学系课程思政………………………………（33）

　　第一节　经济学系课程思政建设特色 …………………（34）
　　第二节　经济学系课程思政示范课 ……………………（34）

## 第三章　工商管理系课程思政……………………………（59）

　　第一节　工商管理系课程思政建设特色 ………………（60）
　　第二节　工商管理系课程思政建设阶段性成果 ………（61）
　　第三节　工商管理系课程思政示范课 …………………（61）

## 第四章　统计学系课程思政………………………………（77）

　　第一节　统计学系课程思政建设特色 …………………（78）
　　第二节　统计学系课程思政建设阶段性成果 …………（78）
　　第三节　统计学系课程思政示范课 ……………………（79）

## 第五章　金融与贸易系课程思政…………………………（103）

　　第一节　金融与贸易系课程思政建设特色 ……………（104）
　　第二节　金融与贸易系课程思政建设阶段性成果 ……（104）
　　第三节　金融与贸易系课程思政示范课 ………………（106）

I

## 第六章　管理科学与工程系课程思政 …………………………………（119）

　　第一节　管理科学与工程系课程思政建设特色………………………（120）
　　第二节　管理科学与工程系课程思政建设阶段性成果………………（121）
　　第三节　管理科学与工程系课程思政示范课…………………………（121）

## 第七章　会计系课程思政 …………………………………………………（139）

　　第一节　会计系课程思政建设特色……………………………………（140）
　　第二节　会计系课程思政建设阶段性成果……………………………（140）
　　第三节　会计系课程思政示范课………………………………………（141）

# 导言
## 课程思政建设的指导思想

## 一、课程思政建设的根本任务

为党育人、为国育才是教育事业的永恒使命,中国地质大学(武汉)经济管理学院推进课程思政建设,其宗旨就是全面落实立德树人根本任务,为培养德智体美劳全面发展的社会主义建设者和接班人贡献力量。在教育教学过程中,通过建设课程思政,全面赋予教师"主力军"价值引领、立德树人的育人责任,全面发挥课程"主战场"价值引领、立德树人的育人功能,全面打通课堂教学"主渠道"价值引领、立德树人的育人路径,让广大师生在教与学的过程中,不断升华爱党、爱国、爱人民、爱集体、爱社会主义的家国情怀。

## 二、课程思政建设的基本原则

课程思政是在专业课程中进行思政教育,不同于思政课程教育,有其特定的科学规律,在建设过程中需要处理好专业与思政的关系、面与点的关系、共性与个性的关系、短期与长期的关系。

(1)全覆盖原则。通过一段时期的建设,每一位教师、每一门课程都应发挥价值引领的作用,做到人人讲思政、课课有引领、处处在育人。

(2)实事求是原则。在课程思政的实施过程中,要坚持实事求是原则,充分尊重课程和思政规律,有机嵌入与本专业相关的课程思政元素,既不能牵强附会,也不能生搬硬套,在"无意"中起到润物无声的思政效果。

(3)多样化原则。结合不同课程特点、思维方法和价值理念,挖掘和运用不同的思政元素,形成多样化的课程思政生态。

(4)长期性原则。课程思政建设需要立足长远,绵绵用力,久久为功,使思政与课程形成一种如盐在水、如春在花的关系。

## 三、课程思政建设的基本要求

课程思政的教学设计应遵循思想政治教育规律、教育教学规律、学生成长成才规律,在授课过程中使三者无缝衔接,相互照应,形成立德树人的"最大同心圆"。

(1)潜移默化与直抒胸臆相结合。一方面,充分挖掘各门课程中所蕴含的思政元素,并将这些思政元素巧妙融入课程内容,让学生在潜移默化中形成正确的世界观、人生观、价值观;另一方面,教师要在课堂上直抒胸臆,宣讲好"四个意识""四个自信""两个维护""两个确立"的理论意义和现实价值。

(2)第一课堂与第二课堂相结合。在做好课程育人的同时,还要挖掘科研、实践、文化、网络、心理、管理、服务、资助、组织等方面的育人要素,充分发挥第二课堂育人功能,形成第一课堂与第二课堂相互衔接的"十大"育人体系①。

(3)理论与实践相结合。一方面,在课程中要把马克思主义、马克思主义中国化理论、时代化的马克思主义作为主要的思政元素;另一方面,还要结合专业知识,把建党百年来中国社会实践所取得的辉煌成就作为主要的思政元素。

(4)历史与现实相结合。在进行课程思政教学设计时,需要运用对比的方法,纵向对比世界发展史和中国发展史,横向对比世界和中国发展的现状,在对比中讲好中国故事、讲好中国方案,使思政元素既源于历史又基于现实,既传承历史血脉又体现与时俱进。

---

① "十大"育人体系是指思想政治教育、德育教育、智育教育、体育教育、艺术教育、劳动教育、科技教育、环境教育、法治教育和国防教育。

# 第一章
# 旅游管理系课程思政

## 第一节　旅游管理系课程思政建设特色

(1) 注重价值引领,实现专业课程与思政元素有机结合。解析旅游现象、旅游知识和旅游原理中蕴含的课程思政元素,综合运用各类教育教学方法,创新课程设计,改革教学方法,将家国情怀、责任意识、价值观等思政元素纳入专业课程的重要知识点,帮助学生树立正确的人生观、价值观,以社会主义核心价值体系引领当代大学生成长成才,实现将严谨的专业知识同各种特色鲜明的课程思政教学相融合。

(2) 创新情景式教学,将思政课讲在祖国的大地上。在组织学生到红色旅游景区、绿色新农村建设示范区、旅游扶贫和乡村振兴案例点开展现场教学和实习实践时,创新情景课程思政教学,把祖国大好河山融入课程,开展生动思政教育,培育学生的家国情怀和专业素养。

(3) 注重相互学习交流,提升教师课程思政教学能力。整合专业课程教学内容,开展课程思政教学研讨,相互学习交流,提升专业教师的思政意识和思政教学能力,实现课堂思政育人的精准滴灌。

## 第二节　旅游管理系课程思政建设阶段性成果

(1) 思政引领,立足特色,建成国家级一流课程。课程建设注重思政引领,立足地大特色,体现学科交叉。目前已建成国家级一流本科课程、省级一流课程、省级精品在线开放课程及省级精品视频公开课,获首届"全国最美慕课"一等奖、湖北省第二届青年教师教学竞赛优秀奖、校首届青年教师讲课比赛一等奖等荣誉。

(2) 旅游管理系获评教学组织建设奖,并获多项教学成果奖。把增强"四个意识"和坚定"四个自信"融入课程思政建设全过程,课程建设积极响应乡村振兴、长江经济带建设、生态文明建设等国家战略,服务于社会需求,建成多个野外教学、专业调研、思政融合的校外实践基地。课程思政与教学育人紧密结合,培养具有家国情怀的卓越人才,旅游管理系获评湖北高校优秀基层教学组织,教学成果获高等教育(本科)国家级教学成果奖二等奖、湖北省高等学校教学成果一等奖及校教学成果特等奖。

(3)获批10余项校级教学研究项目,11位教师教学评价获优秀。完成了《旅游管理系课程思政教育方案汇编》编写工作,并在课程建设基础上获得了一系列教学研究成果。"基于'课程思政'的专业课程德育渗透路径及效果评价"等项目获批校教学研究项目,11位教师教学评价获评前10%优秀。学生基于课程学习申报"大学生传统文化素养提升模式创新及其评价研究"等大学生创新创业立项10余项,战略管理能力、前瞻性和创新意识都得到提升。

## 第三节 旅游管理系课程思政示范课

### 一、课程名称：文化遗产与自然遗产

**1. 核心内容**

文化遗产与自然遗产是人类祖先和大自然的杰作。文化遗产、自然遗产以及文化与自然双重遗产等合起来称为世界遗产。何为世界遗产？它们在历史的变迁中各自有着怎样的特点？世界遗产的价值在哪里,又将面临怎样的未来之路？"文化遗产与自然遗产"课程采用线上线下相结合的方式,对相关问题作了生动形象、深入浅出的解答。以世界遗产的源起与发展为切入口,本课程通过12个专题,以兼具专业性与趣味性的讲述,带领学生赏析古典园林、古城民居、帝王陵寝、奇山丽水、神秘化石等众多遗产资源精华。

**2. 课程团队**

负责本课程建设的团队骨干有李江敏、徐世球、鄢志武、柴海燕、梁玥琳、代姗姗、刘晶晶、黄珂。

**3. 主要特色**

本课程融思政教学与美丽中国赏析于一体,助力文化建设,树立文化自信。

(1)课程图文并茂,传播丰富的历史文化知识,解惑自然科学奥秘,让学生在探索遗产中了解遗产、欣赏遗产、热爱遗产,在提升品读文化遗产与自然遗产的鉴赏力的同时,形成保护文化遗产意识。

(2)将思政课讲在祖国的大地上,将课程开在文化建设需要的课堂里。课程开

展情景式教学,理论与实践紧密融合,线上线下学习方式互相补充。教师带领学生到遗产地实地考察学习,通过对中华文化博大精深内涵的深度体验,强烈的国家认同感和民族自豪感油然而生。

······ 精彩课堂 ······

本课程从大学课堂走进网络、走向电视荧屏,为学校学生和社会公众提供形式多样的专业学习和科普教育资源,助力文化建设、树立文化自信。本课程获得首批国家级一流本科课程、首届中国大学"最美慕课"一等奖、湖北省首批本科精品在线开放课程、湖北省精品视频公开课等荣誉。

"文化遗产与自然遗产"课程走进中国大学慕课(MOOC①)和武汉教育电视台《科学讲堂》

课程教学中融入习近平总书记提出的遗产活化思想

组织遗产地实地教学并引导学生参与课程思政交流

---

① MOOC,全称为 Massive Open Online Courses,中文名为大型开放式网络课程,是一种在线课程开发模式。

## 二、课程名称:旅游地学

### 1. 核心内容

"旅游地学"是地球科学与旅游学相结合而产生的一门新兴交叉学科,以地球科学的理论与方法为基础,并结合其他学科(美学、景观科学、环境学、旅游学)的理论与方法,研究旅游业涉及的地学问题。课程注重理论与实践相结合,主要内容为:①地学旅游资源的概念、属性、分类、特征、形成原因等相关的旅游地学基础知识;②各类岩石的特征、属性;③各种地质作用形成的地貌及成景特征;④人文旅游资源中蕴涵的地学背景;⑤旅游地学资源调查、评价、开发及规划。

### 2. 课程团队

负责本课程建设的团队骨干有鄢志武、唐嘉耀、张俊霞、周玲、李江敏、代姗姗。

### 3. 主要特色

(1)凸显中国地质大学(武汉)地学优势学科背景的专业特色。采用地球科学多领域的研究成果来丰富"旅游地学"的理论基础和拓宽应用领域。从自然景观形成的复杂性和漫长性角度切入,能够对学生有效开展"敬畏自然,保护环境"方面的教育。

(2)采取三结合方法并将该方法有机融入思政教育。三结合方法主要包括课堂教学与线上教学相结合、理论教学与现场教学相结合、课程教学与应用研究相结合,该方法将思政教育融入专业教学和专业调研之中。教育学生秉承"绿水青山就是金山银山"的发展理念,力求将自己的奋斗目标与祖国的发展紧密结合在一起。

······ 精彩课堂 ······

本课程在旅游地学资源调查分析过程中,引导学生关心关注老少边穷地区的发展,将来为促进农民脱贫致富、助力乡村振兴建设做出自己的贡献。通过开展自然旅游资源和与之相关人文旅游资源形成理论的教学,引导学生从爱祖国的大好河山开始,进而将"保我国土""爱我家园"、维护祖国领土的完整和统一作为自己的神圣使命和义不容辞的责任,从而培养学生的爱国主义情怀。

在中国地质大学逸夫博物馆里现场讲授"生命起源与古生物化石"课程

在隐水洞中讲解洞道特征及成因

在利川腾龙洞现场讲解穿洞群的形成与分布

## 三、课程名称：旅游学概论

### 1. 核心内容

"旅游学概论"课程的主要内容有旅游学的基本知识（旅游的产生与发展、旅游的概念、旅游活动的特点等）、旅游活动的主体（旅游者形成与类型）、旅游活动的客体（旅游资源分类、评价、开发与保护）、旅游活动的媒介（旅游业的组成及产业地位）、旅游市场及旅游业的综合影响等。

### 2. 课程团队

负责本课程建设的团队骨干有李会琴、周玲、肖拥军、唐嘉耀、鄢志武。

### 3. 主要特色

（1）思政教育融入线上线下混合式教学方法。课程团队精心打造"旅游学概论"慕课，在中国大学MOOC平台已经开展4期线上教学，选课人数近1万人。通过线上线下混合式教学方法，系统讲授旅游学的基本概念与基本理论，慕课理论体系完整，案例丰富，学生讨论交流互动性强；线下教学形式多样，以培养学生综合素质为目的，充分调动学生学习积极性，课堂气氛活跃，教学内容及形式深受学生欢迎。

（2）思政教育融入室内室外教学。在室内教学中，充分发挥教师、学生主体性，将思政内容点滴融入专业教学，达到润物细无声的效果。在室外实践教学中，发挥"沉浸式"教学优势，讲授博大精深的楚文化，传授文旅融合的专业知识，让学生充分体悟"文化是旅游的灵魂，旅游是文化的载体"，在实践中感受文化旅游开发的魅力和生命力。

…… 精彩课堂 ……

在线上慕课教学中融入思政元素的主要做法：解读国家关于旅游发展的相关政策，解读"一带一路"倡议，学习旅游扶贫案例等，现实意义强；线下教学的思政教育内容广泛，与线上教学内容互为补充。

"两山论"融入唇枪舌剑的辩论课堂

解读旅游满足人民美好生活需要、促进减贫的意义

## 四、课程名称：旅游经济学

### 1. 核心内容

"旅游经济学"课程的主要思政教育内容有：旅游经济发展对于促进解决我国当前社会主要矛盾的重要作用；社会主义核心价值观与旅游服务的关系；旅游需求

层次与国民素质提升的关系;旅游供给侧结构性改革的思想探讨;中国特色社会主义市场经济背景下的旅游市场特征与要求;旅游消费在社会主义精神文明建设中的作用;旅游经济主体的社会道德责任;价值观对旅游投资风险认识的重要影响;旅游经济结构调整与生态文明建设的关系;社会主义制度自信与当前我国的政府主导型旅游发展战略的关系。

**2. 课程团队**

负责本课程建设的团队骨干有肖拥军、李会琴、周玲。

**3. 主要特色**

本课程结合每一个章节的知识点进行思想道德的正面引导。每章的课程思政内容,都已成为课程新增加的知识点之一。在课程思政教学中,结合案例教学引导学生主动思考,让学生们主动上讲台讲述并参与讨论。

······ 精彩课堂 ······

旅游需求层次与国民素质提升的关系

引导学生讨论:从旅游需求产生的主观动机出发,讨论旅游在促进公民自我发展、提升国民素质方面的正面作用。

提示学生:旅游需求的本质是什么?为什么要进行旅游体验?什么样的体验最符合新时代的道德要求。

课堂讨论效果:学生们认为,旅游体验应该分为悦耳悦目、悦心悦意、悦神悦志3个层次,旅游者应该得到体验需求与精神追求的同步提升。

学生讲述旅游需求层次与国民素质提升的关系

👁 旅游消费在社会主义精神文明建设中的作用

　　旅游消费属于高层次消费,是人们为了提高自身文化素质,发展智力和体力,从而达到劳动力内涵扩大再生产的要求的消费;旅游消费也属于精神性消费,旅游者真正消费的是以物质产品为载体的精神产品和服务产品。学生们经过讨论认为,健康的旅游消费促进社会主义精神文明发展,同时还对个别不健康的旅游消费方式和内容进行大胆批判。

学生讨论旅游消费在社会主义精神文明建设中的作用

## 五、课程名称:文化与旅游

### 1. 核心内容

　　"文化与旅游"课程以专题讲座形式讲授文化与旅游的基础知识和原理,包括地学文化与旅游、山水文化与旅游、园林文化与旅游、建筑文化与旅游、饮食文化与旅游、节庆文化与旅游等基本内容,同时分析文化与旅游的相互关系及文旅融合规律,运用旅游学和管理学的知识和原理,探讨各类文化现象的保护、传承及其旅游活化开发利用策略,在构建学生文旅创意产业发展与管理的知识、技能和综合素养的同时,普及文化与旅游基础知识,提升个人文化修养。

### 2. 课程团队

　　负责本课程建设的团队骨干有周玲、唐嘉耀、鄢志武、李江敏、肖拥军、柴海燕、李会琴、梁玥琳。

### 3. 主要特色

　　(1)立基文化价值内涵,开展多维价值观教育。各专题授课教师以地学、山水、园林、建筑、饮食、节庆等专类文化事象的知识为载体,深挖渗透在各文化事象的物质、制度和精神层面的人生价值、道德价值、生命价值、科学价值、环境价值和审美价值的观念、意识和哲学内涵,通过围绕文化旅游涉及的食、住、行、游、购、娱、商、养、学、闲、情、奇十二个要素的开发管理,解析历史文化中的人文情怀与内涵,融入社会主义核心价值观的内容,讲好文化旅游故事,开展价值观教育。

(2)立基优秀传统文化,讲好文化保护和传承故事。各专题教学内容突出和彰显中华传统优秀文化中的智慧,解析中华优秀传统文化中蕴含的精神标识、当代价值、世界意义,同时展示中华文化既坚守本根又不断与时俱进,既有强大绵延韧性又能在现代发展中不断创新发展的生机与活力,讲好文化保护和传承故事,坚定文化自信。

(3)立基文化保护传承,讲好文旅创新与发展故事。各专题利用各文化事象的旅游开发利用和活态传承的典型案例,讲好中国新时代文旅融合、发展文化创意产业的故事,引导学生努力学习管理学和旅游学的知识和原理,掌握创新创业技能技巧,在新时代文旅产业发展中担当社会文化保护、传承、创新和发展的责任。

(4)立基文化多元性,讲好旅游跨文化交际故事。文化因交流而多彩,文明因互鉴而丰富,旅游是人类文明和文化交流的重要途径。利用旅游促进民族文化交流和世界文明相互学习借鉴的事例,讲好旅游跨文化交际故事,传承和发扬"各美其美,美人之美,美美与共,天下大同"文化思想,建设自信、开放、包容、融合的文化心理。

······ 精彩课堂 ······

文化与旅游概说:以中华文化自明与自觉坚定文化自信

有清晰的文化自明与自觉,方有清明坚定的文化自信。"文化与旅游概说"专题通过中西方文化哲学和思想的差异对比,突显中国传统文化特质,文化心理和历史精神隐在地贯穿在"文化与旅游概说"专题讲授中。例如:美国学者约瑟夫·奈首创的"软实力(soft power)"概念隐含"文化强权、文化竞争力"之意,中国先秦儒家倡导"故远人不服,则修文德以来之"(《论语·季氏篇》),两者都着眼于形成"文化吸引力"的德治思想,在对西方文化心理鼓励竞争进取、外向扩张进而有霸权倾向,而以儒家思想为主体的中国传统文化心理主张完善自我、向内追求进而有自我封闭倾向的解析中,鼓励学生辨证看待中西方文化,在传统文化自明与自觉中坚定文化自信,并形成正确对待中西方文化的态度。

建筑文化与旅游:文化遗产旅游活化利用的中国方案

"建筑文化与旅游"专题呈现中国建筑独特的科学技术价值,解析中国建筑中蕴含的中国哲学、艺术之美,以故宫等典型建筑遗产的旅游活化利用为案例,分析中

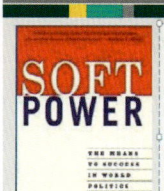

"文化与旅游概说"专题中的思政教学示例

国借助建筑 IP[①] 大力发展文化旅游、盘活建筑遗产资源、丰富人民群众文化生活、激发国潮消费热情的系列做法,讲述中国文化遗产的旅游保护和活态传承方案,并结合《我在故宫修文物》等视频素材,开展"择一事,终一生,不为繁华易匠心"的品格教育。

"建筑文化与旅游"专题中的思政教学示例

💡 园林文化与旅游:造园理念和中国传统文化的辩证思考

"园林文化与旅游"专题通过对东西方园林进行对比,突出中国园林特征和价值,以辩证唯物主义思想分析中国古典园林的造园理念及其蕴含的文化思想,结合北戴河海滨的鸽子窝公园案例,呈现面向现代公众旅游休闲、区别于私家园林的公共园林营造手法和旅游文创方法,并对照赏析毛泽东的《浪淘沙·北戴河》和曹操的《观沧海》中的诗词意境,让学生深刻体会区别于古代帝王将相的无产阶级革命领袖以人民为中心、以人民当家作主为己任的博大胸怀和豪迈的革命乐观主义精神。

💡 饮食文化与旅游:旅游脱贫攻坚和振兴乡村故事

"饮食文化与旅游"专题将陕西省礼泉县袁家村依托关中乡村民俗和饮食文化旅游开发实现乡村振兴作为典型案例,解析我国的脱贫攻坚和乡村振兴战略、"美丽乡村"建设和现代乡村治理方略。

---

[①] IP 源于英文 Intellectual Property 的首字母缩写,直译即"知识产权",在当前新媒体时代的创意经济中,泛指那些为公众知晓和认同的(从而具有粉丝和流量潜质,具备商业运营价值,并可以形成商业品牌)一切事象。故宫、长城、应县木塔是中国古建 IP 的代表。

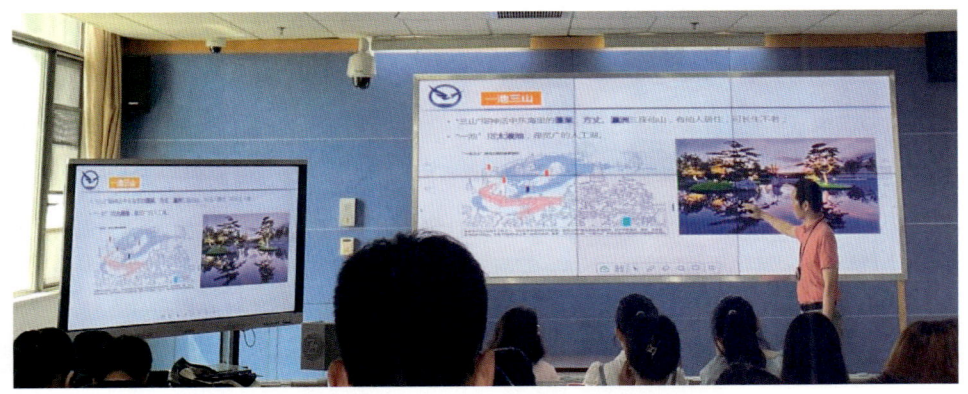

"园林文化与旅游"专题中的思政教学示例:现代园林艺术

"园林文化与旅游"专题中的课程思政教学示例:园林诗词赏析

"饮食文化与旅游"专题中的思政教学示例

**课外素质拓展:激发文化传承保护、创新传承与发展的责任担当精神**

课程教学融合大学生创新创业教育,以小组任务和课程报告为牵引,引导学生在课外素质拓展环节,以小组为单位开展当下文化与旅游发展状况的社会认知调查,并要求结合课程知识和原理,提出问题、分析问题和解决问题,让学生们在实地调查和案例分析中深入了解和认识中外文化与旅游现象,激发他们的文化传承保护、创新传承与发展的责任担当精神,并增强他们运用学科知识和方法分析、解决社会实际问题的意识,提升专业学习兴趣。

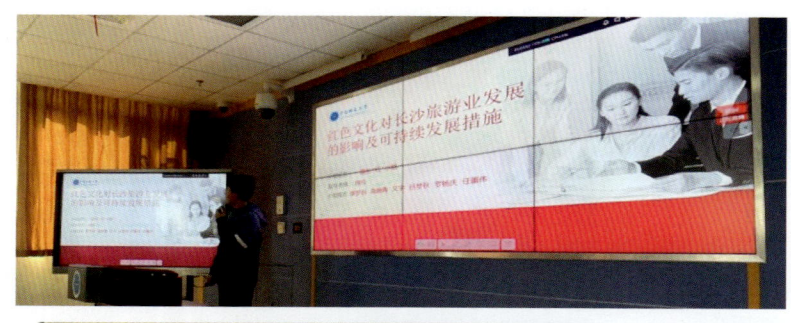

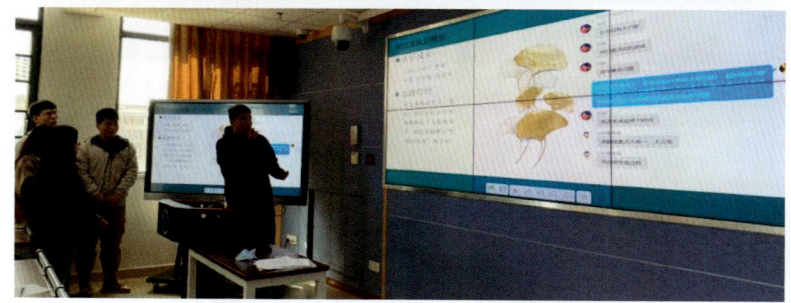

"课外素质拓展"环节的思政教学示例

## 六、课程名称：旅游英语

### 1. 核心内容

"旅游英语"课程重视学生中国传统文化素养与文化自信的培养，聚焦列入《世界遗产名录》和《非物质文化遗产名录》的我国代表性世界遗产和非物质文化遗产。在课程教学过程中融入中国传统文化元素，旨在使学生真正成长为中国传统文化的代言人。

### 2. 课程团队

负责本课程建设的团队骨干有梁玥琳、李江敏、刘晶晶、周玲。

### 3. 主要特色

（1）重视大学生传统文化素养的提升。"旅游英语"课程既具有大学英语课特点，又具有专业课特点。在专业英语课堂实施课程思政的目标是在培养大学生专业英语应用能力的基础上，进一步发挥该课程弘扬优秀中国传统文化的主旨功能，从而构建"三融合"式大学生文化自信教育模式，实现三全育人总体目标。

（2）重视跨文化交流课堂中的思政融入。"旅游英语"主讲教师致力于课程思政自觉、文化传播自觉，全方位提升课程思政意识及课程思政能力。面向留学生开设的"旅游英语"课程，有利于留学生更全面地了解中国旅游业蓬勃发展的趋势，加强中国与国际社会，特别是"一带一路"合作伙伴的文化与旅游沟通交流。

### 精彩课堂

 聚焦发展树信念

本课程根据实事热点和文旅产业发展新趋势及时更新教学内容，从思想上引领学生树立正确的价值观和人生观。在课程中引入"每课一词""Amazing China"等专题教学板块，通过学习习近平新时代中国特色社会主义思想的重要论述，让学生深刻领会习近平生态文明思想及文旅产业发展的重大意义，使学生树立正确的理想信念和价值观。

实时更新教学内容（习近平总书记新年贺词专题学习）

"坚定信念，与英雄同守望"主题课堂

## 创新方法悦课堂

本课程通过推荐优秀著作、引入名家课堂、创新教学手段等途径，全面实现提升学生传统文化素养的教学目标。主讲教师团队向学生赠送图书《中国旅游文化与非物质文化遗产》，邀请武汉大学教授蔡小容以"中外文化交流"为题作讲座，推出以汉服礼仪和茶文化等为主题的体验式课堂，极大地调动了学生的学习积极性。

主讲教师团队向学生赠送图书《中国旅游文化与非物质文化遗产》

体验式课堂（汉服礼仪）

### 全面引领强素质

主讲教师将课堂教学与科研项目指导相结合,始终把大学生传统文化素养提升作为教学的首要宗旨,先后指导本专业学生完成国家级和省级"大学生创新创业训练计划"项目4项,将课堂教学与科研指导相结合,探索出一套较为成熟的教学与科研相辅相成的人才培养模式。

"国家级大学生创新创业训练计划"项目结题证书

## 七、课程名称:旅游接待业

### 1. 核心内容

"旅游接待业"课程充分结合产业发展实际,围绕传统旅游接待业、新型旅游接待业、跨境旅游接待业等诸多方面,全面介绍旅游接待业内涵及各类型业务特征。在此基础上,针对旅游接待业顾客关系管理、服务质量管理、管理信息系统、品牌战略管理,以及旅游接待业服务管理创新等,系统讲授旅游接待业管理理念与方法。

### 2. 课程团队

负责本课程建设的团队骨干有刘晶晶、肖拥军、李会琴、李江敏、鄢志武。

### 3. 主要特色

(1)注重培养和提升职业认知及职业兴趣。旅游接待业的发展具有波动性,尤其是在新型冠状病毒感染疫情爆发之后,学生们不得不面对行业发展的多重危机。在此背景下,结合学生产生的心理波动,本课程通过开展专项访谈和问卷调查,并结合调研设计、结果分析等,提升学生们的职业能力,并培养他们对相关知识、技能等的学习兴趣。

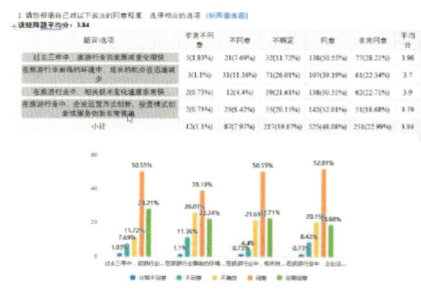

职业认同相关调研分析及课堂分享与讨论

（2）关注政策环境，把握行业动态。把握政策动态，培养政策敏感意识。帮助学生了解旅游接待业规模、影响及行业最新动态，学习国家出台的相关政策，形成较为明确的职业认知。结合疫情对行业的影响，实时更新行业动态，帮助学生把握行业实践最新动态。

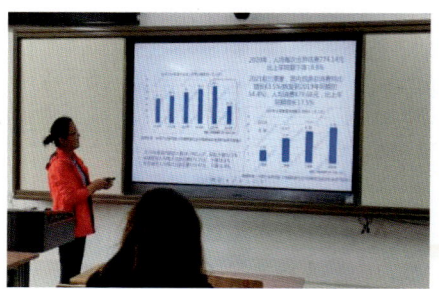

关于政策环境的宏观分析

 ······ 精彩课堂 ······

旅游接待业外延及创新创业机会的讨论

旅游接待业具有综合性、外延模糊性等特性。本课程借助这一特性，立足专业理论知识与实践前沿，引导学生发现旅游接待业发展的新机遇。

学生对旅游接待业新型业态的思考与汇报

🌐 借助服务质量评价模型,探讨酒店服务质量提升路径

为全面认识服务质量管理理念和方法,本课程通过指导学生基于理论模型设计、发放和回收问卷,并结合数据分析结果,引导他们深入思考旅游接待业服务质量提升路径,并讨论产生针对性管理建议。

基于理论方法的服务质量管理监测实践汇报

🌐 关注技术环境变化给旅游接待业带来的危机与机遇

本课程旨在让学生明确信息时代旅游业面临的机遇与挑战,引导学生思考人工智能、大数据等给旅游接待业管理带来的新问题,了解旅游接待业信息系统面临的潜在安全风险,从而培养学生相应的管理能力。

技术环境变革对从业者的影响分析汇报

## 八、课程名称:旅游美学

### 1. 核心内容

"旅游美学"课程以中国传统美学及马克思主义美学思想为指导,剖析美的概念的产生及哲学思辨过程,以中国山水美学、书画美学、雕塑美学以及建筑美学等特色美学为主要内容,阐述中国特色美学的核心价值观和组成元素,并将东西方审美进行对比分析,旨在呈现中国传统艺术之美的独特性及其对旅游构景、旅游审美的影响,展现东方文化魅力。

## 2. 课程团队

负责本课程建设的团队骨干有柴海燕、周玲、梁玥琳。

## 3. 主要特色

2021年12月4日,习近平总书记在中国文联十一大、中国作协十大开幕式上的讲话指出:要挖掘中华优秀传统文化的思想观念、人文精神、道德规范,把艺术创造力和中华文化价值融合起来,把中华美学精神和当代审美追求结合起来,激活中华文化生命力。围绕重要讲话精神,本课程基于中国传统审美理念,对中国自然景观之美、书法绘画艺术之美以及古典建筑之美进行详细分析,通过审美教育提升学生的审美素养,在潜移默化中影响学生的情感、趣味、气质、胸襟,培养学生的审美意识,浸润学生心灵。本课程旨在让社会主义核心价值观、中华优秀传统文化深入人心,引导学生发现自然之美、生活之美、心灵之美。本课程采取专题讲授方式,以问题导向和研究性学习为主要方法,侧重对学生的价值引领,树立文化自信。

······ 精彩课堂 ······

 "山水之美,古来共谈"

旅游风景之美缘于其构成元素的多样性、丰富性和文化历史积淀。课堂教学中,教师通过展现中国多元自然和文化景观,探讨美的深刻内涵,树立学生对中国式审美的自信,唤醒学生对中国式审美的热爱,在贯彻中国式旅游审美的原则中,将思政课程讲在美丽的中国大地上。

山海关城楼前的课程思政教学

 将中国式审美中关于修身立德的观念融入课堂教学,培养学生的道德感和社会责任感

中国传统的旅游审美方式不仅是看风景,更多的是借由风景感受其中蕴含的家国情怀,即感受景物的历史与文化背景中蕴藏的爱国、爱家情怀。课堂教学中,教师结合景物、事件、事迹、诗文,将思政教育、爱国教育和中国传统文化教育融为一体,潜移默化地传递社会主义核心价值观基本理念,培养学生的爱国情怀和社会责任意识。

## 九、课程名称：旅游规划与开发

### 1. 核心内容

"旅游规划与开发"课程系统讲述旅游规划与开发的基本概念和基本理论，规划编制的技术方法与基本流程，强化学生对旅游规划类型、内容体系的全面认知，并通过案例教学引入国内外旅游规划的最新研究成果，旨在培养学生创新创意、规划设计和实践操作的能力。

### 2. 课程团队

负责本课程建设的团队骨干有张俊霞、唐嘉耀、周玲、梁玥琳。

### 3. 主要特色

(1)在新发展理念视域下构建"旅游规划与开发"课程知识体系。新发展理念是习近平新时代中国特色社会主义思想的重要组成部分，其内容包括创新、协调、绿色、开放、共享。本课程的主旨是在新发展理念视域下构建"旅游规划与开发"课程的知识体系，在教学中着力探究"旅游规划与开发"课程与课程思政在内容上的结合方式，培养学生的社会责任感、全局观、系统观，树立民族文化自信，真正实现立德树人的人才培养目标。

(2)创新课堂形式，将课程思政融入"旅游规划与开发"教学全过程。问题导向式教学、应用实践式教学、案例教学等多种教学方法并用，通过热点问题、典型图片、视频和案例故事，激发学生的学习兴趣，进行爱国主义教育，帮助学生培养正确的世界观。同时，引导学生学会分析旅游现象，发现旅游现象背后的规律等，培养学生自主探究的学习能力和创新能力。

······ 精彩课堂 ······

引入习近平总书记提出的"两山论"，解读习近平生态文明思想内涵

本课程引入"两山论"在浙江的生动实践案例，结合课程第四章"旅游资源的分类与评价"展开分析，主要讲解旅游资源的概念、分类和特点，旅游资源的评价与开发，旅游资源的保护等内容。通过讲解"两山论"在浙江的综合实践案例，让学生了解旅游资源类型与开发模式，引导学生探讨经济发展与生态环境的关系，牢固树立"绿水青山就是金山银山"的理念，培养学生生态文明意识、可持续发展意识，树立"天人合一"和谐发展的理念，激励学生践行绿色发展、可持续发展使命。

通过学习案例《绿色塞罕坝 不朽的奇迹》以及观看影视资料《最美青春》，让学

生了解跨越60年，历经三代人奋斗不息，把"黄沙遮天日，飞鸟无栖树"的荒漠沙地变成了广袤林海的人间奇迹。带领学生重走"建党百年红色旅游百条精品线路"之"艰苦奋斗路·绿色塞罕坝"，让学生全面感受牢记使命、艰苦创业、绿色发展的新时代塞罕坝精神。

◐ 注重培养学生的专业素养与社会责任感

旅游项目策划涉及多个产业领域，是对接旅游业实际需求的有效抓手，在推动我国社会经济发展转型升级中发挥了重要作用。本课程通过培养学生的各项应用技能，助力各类大学生创新创业训练，着力提升学生的专业素养，在实践训练中培养学生的社会责任感。

学生课堂学习汇报

## 十、课程名称：导游理论与实务

### 1. 核心内容

"导游理论与实务"课程致力于教会学生生动讲述美丽中国故事，传播中华优秀文化，助力学生担当"民间大使"。主要内容包括：导游人员的素质要求；语言技能、讲解技能和带团技能等导游工作技能；在遇见突发状况和游客有特别要求时，导游员应具备的应变技能；与导游工作相关的出入境、货币、安全等其他方面知识。

### 2. 课程团队

负责本课程建设的团队骨干有李江敏、肖拥军、李会琴、梁玥琳、刘晶晶、黄珂。

### 3. 主要特色

（1）将思政课程讲在祖国大地上，实现师者立德树人的责任担当。将爱国主义、社会主义核心价值观、生态文明理念等有机地融入教学和实践中，发挥课程思政的育人功能。行程万里，不忘初心，历史是最好的教科书，课程思政不只在校园中、课堂上，更根植在祖国广袤的大地上。

（2）课程团队发挥专业力量，积极策划融入旅游元素的"金微课"。通过设计、录制，助力"金微课"师生与国家和民族同呼吸、共命运，将专业学习与思想教育融为一体，让学生体悟精神价值和专业力量。

······ 精彩课堂 ······

### 开展情景思政教学

教师带领学生走出校门，实地参观中国共产党第五次全国代表大会会址纪念馆、长江大桥、嘉兴南湖等，把祖国大好河山融入课程思政的内容中，用红色教育资源筑牢青年学生理想信念，以情景式课程思政培育学生专业素养。

红色旅游资源情景中的课程思政

### 引导学生树立文化自信

教师一般会采用两种方式开展教学工作。首先，针对室内教学，教师采用模拟导游实景教学与实训系统，让学生在教室里就能身临其境般感受中国之美。其次，在野外课堂里，精心选取典型思政教学地，如鸽子窝公园、山海关古城等专业课程思政教学点，在实地教学中让学生明白"青年兴则国家兴，青年强则国家强"，培养学生的社会责任感。

模拟导游讲述中国故事

野外课堂里开展青年成才教育

## 十一、课程名称：乡村旅游

### 1. 核心内容

乡村旅游是以具有乡村性的自然和人文客体为旅游吸引物，依托农村区域的优美景观、自然环境、建筑和文化等资源，在传统农村休闲游和农业体验游的基础上，拓展开发会务度假、休闲娱乐等项目的新兴旅游方式。乡村旅游的发展有利于全面提升生态文明建设水平，协同推进乡村振兴和新型城镇化。本课程主要内容包括国内外乡村旅游发展趋势、热点、理论及实践，通过案例分析与探讨让学生深入了解中国乡村发展状况及有关乡村发展的政策方针与导向。内容涵盖乡村旅游资源、要素体系、规划、策划、产品设计、市场拓展、经营管理等多方面。本课程通过分析国内外乡村旅游典型案例，探讨中国乡村振兴背景下乡村旅游发展前沿问题。

### 2. 课程团队

负责本课程建设的团队骨干有黄珂、李会琴、李江敏、肖拥军、刘晶晶。

**3. 主要特色**

（1）紧扣战略发展，深系家国时代。本课程将乡村旅游与国家战略发展理念相结合，紧扣旅游发展热点与趋势，让学生了解乡村旅游发展热点及产业地位，感受中国乡村自然与人文之美，培养家国情怀，可实现弘扬社会主义核心价值观、拓展知识面、增强人文素养、建立文化自信等教学目标。

（2）突出学校特色，强化综合素质。本课程突出乡村振兴、生态文明、绿色发展等理念，体现中国地质大学（武汉）提出的"美丽中国 宜居地球：迈向 2030"战略主题，从乡村旅游资源出发，探讨资源开发与保护的辩证关系，结合学科新的研究特点与方法，基于大量实践案例来解释理论要点。课程兼具理论与应用价值，有利于提高学生综合素质。

（3）创新教学形式，旨在润物无声。利用教师讲授、师生互动、专题研讨等方式进行主要内容教学；利用影音资料，自媒体平台、短视频平台等全新的信息获取方式呈现并分析案例；让学生反客为主，利用情景扮演、双方辩论、现场汇报展示等方式让课堂灵活多变；借助"雨课堂""QQ 课程群"等线上工具进行课后拓展。这些新的教学方式让理论教学、实践锻炼与价值观念引导的过程更富主动性和趣味性，达到润物无声的效果。

······ 精彩课堂 ······

 认知与感悟乡土文化

乡村旅游资源的开发及产品设计都依托深入挖掘乡村的文化特色。本课程将乡土文化与农耕文化紧密相融，通过探讨乡愁文化、朗诵乡村题材诗歌、分享农耕文化遗产知识等形式，让学生深入了解乡村旅游的历史文化内涵，感悟中华文化传承的魅力、增强文化自信，提升学生的文化品位和素养。

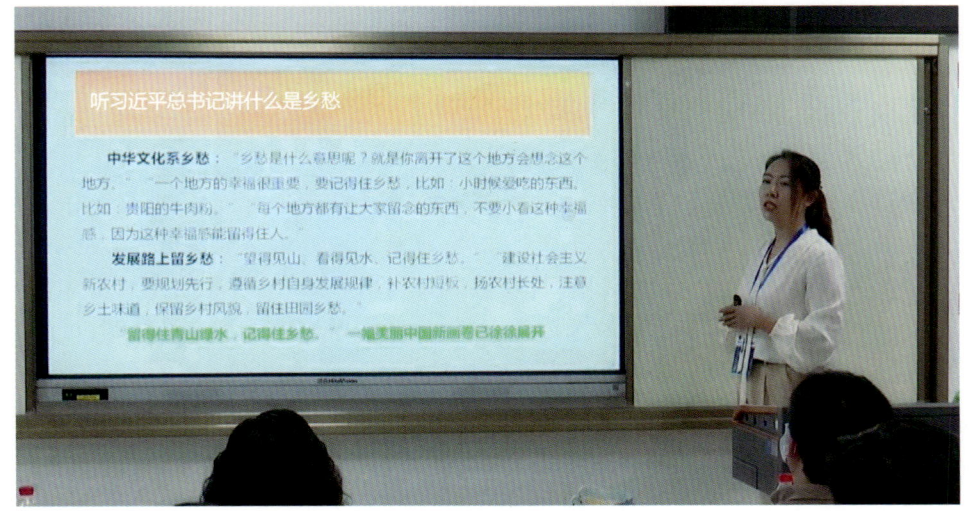

听习近平总书记讲什么是乡愁

学生朗诵乡村题材诗歌及分享农耕文化遗产知识

### 解读乡村发展相关国家战略与思想

乡村旅游关乎乡村发展,是乡村振兴的重要抓手。乡村旅游的规划、策划、经营与管理都须遵循国家发展的方针政策。本课程在专业理论讲授过程中嵌入对乡村发展相关重要战略思想的解读,如对历年中央一号文件、"两山论"、美丽中国、乡村振兴战略、习近平生态文明思想等的解读,润物无声地将专业学习与国家发展紧密相连,增强学生的社会责任感与使命感。

学习乡村振兴战略、习近平生态文明思想

### 开展走进乡村系列调查与素拓活动

本课程鼓励和引导学生以乡村为第二课堂,带着课程的研讨主题、作业任务及疑问走进乡村,了解农业发展、感受农村环境、接触农民群体。不仅通过实地走访、调研以及互动体验的方式,让学生找寻解决理论问题的答案,还让学生利用实地获取的资料积极开展学习分享活动及辩论会,体验课堂理论的实际应用过程,增强学生自主探究与灵活运用的能力。

走访民宿、农家乐,利用调研资料开展主题辩论

# 第二章
# 经济学系课程思政

# 第一节　经济学系课程思政建设特色

（1）经济学系构建了党建引领课程思政教育落实落稳的机制。为党育人、为国育才是高等教育的宗旨。经济学系党支部高度重视以党建引领思政教育工作，依托样板支部建设推动课堂思政全覆盖，动员党员教师精心设计课堂思政方案，在教学中育人于无声处。2021年支部以党史学习为契机，深入推进课程思政教育工作。与以往的教学实习实践活动不同，同年7月支部精心设计了"党史＋思政"实践课程，联结武汉市新洲区阳逻、双柳、仓埠、旧街、汪集、潘塘、涨渡湖、徐古8个街道办事处，以及阳逻经济开发区和道观河风景旅游区，安排了一系列以党史学习教育为中心的环节，将思想政治教育元素融入经济学本科专业实践课程，积极组织开展了以党史教育、交通强国、航天强国、都市田园综合体、"两山论"实践、新型城镇化、乡村振兴、地铁小镇、生态文明、特色产业为主题的共10场"思政＋经济"调研活动，探索创新经济学课程思政实践育人新模式。整个思政教育环节持续2周，真正做到了将课程思政内容融入专业实践课的教学中，取得较好的教学效果。

（2）以党支部为核心，打造由教工、学工、本研党支部、班委组建的立体党建框架，开展了一系列思政教育活动。积极通过一月一系谈，加强师生思想交流。组织教授、支部书记为本科生讲党课，积极参加学生各项年级班级活动。积极引导学生参与金微课的设计和制作，让学生在党建活动中受教育、真参与、有获得。重视"青马工程"的启动与实施，培养了多名湖北省"青马工程"入选者。

# 第二节　经济学系课程思政示范课

## 一、课程名称：专业认知实习

**1. 核心内容**

新时代呼唤新人才，新人才需要新教育。新时代中国特色经济学高端人才，不仅要做到读万卷书、行万里路，有理想、有担当，胸怀世界、立足国情，有志于服务国家重大战略需求，还要具备优秀的综合素质，努力成长为基础学科拔尖人才。在人才教育方面,要积极构建"三全育人"理念下的思政教育新格局,尤其要重视实践育人中的高质量思政教育。

秉承为党育人、为国育才的宗旨,中国地质大学(武汉)经济学系党支部联结武汉市新洲区阳逻、双柳、仓埠、旧街、汪集、潘塘、涨渡湖、徐古8个街道办事处,以及阳逻经济开发区和道观河风景旅游区,将思政元素深入融入经济学本科专业实践课程中,积极组织了以党史教育、交通强国、航天强国、都市田园综合体、"两山"实践、新型城镇化、乡村振兴、地铁小镇、生态文明、特色产业为主题的10场"思政+经济"调研活动,探索出经济学"思政+"实践育人新模式。

**2. 主要特色**

(1)以党史教育为契机,深入推进课程思政教育工作。为响应党中央在全党深入开展党史学习教育的号召,引导全体党员学史明理、学史增信、学史崇德、学史力行,地大经济学系全体党员教师与学生党员代表赴新洲区徐古街开展以"学党史、走红线、兴乡村"为主题的红色教育活动。

与往年的专业认知实习不同,此次"党史+思政"实践课程设计了一系列以党史学习教育为中心的环节,包括瞻仰英烈纪念碑、参观红色革命博物馆、听老红军讲故事、徒步红旅绿道、体验红军餐等,旨在激励党员教师与学生以如磐初心激发奋进壮志,用昂扬姿态为完成新时代党的历史使命而努力奋斗。

"每一个红色旅游景点都是一个生动的课堂。革命前辈的英雄事迹一点一滴印在我的心里,这不仅是故事,更是我们需要延续的中国精神,是我们一直要保有的理想信念。"这是经济学专业08J202班陈黎同学在走过红色之旅后的体会。

"让红色基因育人同专业育人有机结合,让青年学子更好地受到精神养料的滋养,将经济学人才培养在祖国大地上,是经济学系全体教师共同努力的目标。"经济学系教工、党支部书记齐睿副教授在谈到党史学习与专业学习的关系时说道。

地大经济学系党支部于2019年光荣获评教育部全国党建工作样板支部培育创建单位,经济学系光荣获评全国一流本科专业建设单位、湖北省高校省级优秀基层教学组织、学校十佳文明科研教学建设单位。多年来,支部始终坚持以党建引领思政教育工作,一方面依托样板支部建设推动课堂思政全覆盖,精心设计课堂思政方案;另一方面引导学生参与"金微课"的设计制作,让学生在党史学习中受教育、真参与、有获得。

(2)以立德树人为使命,推动经济学专业课程思政改革。经济学专业紧密联系着国民经济各行各业,每一个经济学分支学科都蕴含着丰富的思政教育资源。推动经济学专业课程思政建设,将"知"与"行"相统一,引导学生深入了解国情、社情,培养有社会责任感的新时代经济学人才,是经济学学科建设必须肩负的时代使命。

经济学系打造"思政+"实践育人课程,旨在让学生们在主题实践学习过程中,理解经济学专业如何助推和引领社会进步,感受新时代对大学生的精神和品质的要求,增强对专业的敬畏感和勇挑行业重任的使命感。

"看到阳逻港码头上一排排五颜六色的集装箱通过'铁水连运'工程运往全国或者世界各地,我真正感受到我们国家贸易和物流行业的蓬勃发展,感受到交通强国的魅力与力量。""乡村振兴从来不仅是纸上阅读的战略，更是让每一位村民的生活得到切实改善，让乡村更加美丽富裕的助推器。""绿水青山就是金山银山，是劳动将自然价值转化成市场价值。道观河优美的地理风貌、优良的水质和优秀的红色文化传统，就是开拓特色产业、带领地区发展的金山银山。"这些都是2020级经济学专业的同学们在认知实习后的感想。

地大经济学专业是国家"双万计划"一流专业，经济学系获评湖北省优秀基层教学组织，累累硕果体现着经济学系全体教师不畏艰难的精神和无私付出的心血。经济学系全体教师在经济学专业课程思政的实践课程改革中，齐心协力创新"思政＋"实践育人模式，在经济学人才培养的专业需求和社会责任上形成共识，将思想引领和价值观塑造有机融入教师的教学科研和学生的学习生活中，发挥课程思政的育人功能。

（3）以服务经济社会高质量发展为导向，助力校地合作共赢新发展。社会经济高质量发展是新时代的主题。在与新洲区合作的过程中，地大经济学系深入贯彻落实习近平新时代中国特色社会主义思想，立足新发展阶段，贯彻新发展理念，构建新发展格局，不断深化校地合作，持续推动资源互享、优势互补、发展互助、共赢互惠。

经济学系不断创新经济学专业"思政＋"实践育人模式，从经济学专业的历史沿革、时代主题和未来前景中，窥见家国情怀、责任使命、奋斗历程和创新精神，积极践行"全员、全过程、全方位"育人模式，推进实施"跨学科专业交叉融合""教学与科研实践融合""创新创业与专业教育融合"的"三融合"人才培养模式，培养德智体美劳全面发展的经济学人才，将他们送到祖国建设发展需要的地方，让他们在实践中增长智慧才干，在艰苦奋斗中锤炼意志品质。

同时，经济学系教学科研团队发挥人才和科学技术优势，通过产学研合作，在人才培养、成果转化等方面与新洲区内企业加强合作，创新校地、校企合作模式，为新洲区"十四五"高质量发展提供了智力支持，为阳逻、双柳产业布局优化，道观河、涨渡湖生态产品价值核算献计献策，提出的"武汉东进"、打造"江湖经济带"等建议被新洲区委采纳，为驱动经济社会高质量发展贡献经济学专业力量。

经济学系学生在阳逻国际港实习

经济学系学生在双柳武汉国家航天产业基地实习

徐古革命烈士纪念碑下,同学们听老兵讲革命故事

第二章 经济学系课程思政

师生共同参与"学党史、走红线、兴乡村"主题红色教育活动　　经济学系师生在问津书院开展特色小镇建设调研

## 二、课程名称：政治经济学

### 1. 核心内容

"政治经济学"课程针对本科层次特点，介绍马克思主义政治经济学的基本原理、基本观点和方法，基于社会经济运动的客观规律，深刻分析资本主义生产方式及其内在矛盾，阐明社会主义经济发展的一般规律；介绍市场经济运行的一般经济理论，中国社会主义革命、建设和改革的经验，反映马克思主义政治经济学中国化的最新成果。本课程旨在引导学生学习马克思主义政治经济学独到的思维模式和研究方法，为科学认识纷繁复杂的经济现象提供基本理论和方法，为中国特色社会主义经济建设提供科学的理论基础。

### 2. 课程团队

负责本课程建设的团队骨干有邵红梅、张伟、田鹏。

### 3. 主要特色

（1）在教学过程中，坚持马克思主义唯物辩证法，坚持一切从实际出发，从发展角度把握马克思主义政治经济学的基本原理。

（2）关注政治经济学研究热点、马克思主义政治经济学基本理论的创新发展、当代资本主义发展出现的新变化和新特点、中国社会主义实践经验，注重涉及社会发展史和经济发展及经济运行方面的知识积累和案例整理。例如：人工智能应用对生产关系的影响，数字劳动及其劳动者的权益保护，平台垄断问题，全球贫困问题与中国精准扶贫的成就等。

（3）以讲授重点、难点为主，结合经济现象和实际问题，启发和引导学生参与讨论。在讲清基本理论的同时，通过研究热点讨论、主题发言、小组学习等方式培养学生运用马克思主义政治经济学的观点来思考问题的能力。讨论的主题主要有认识资本主义经济危机,分析新型冠状病毒感染疫情对全球经济、社会、政治的影响,美国的供应链危机产生的原因等。

(4)引导学生阅读《资本论》原著及经典文献。

主讲老师介绍课程阅读资料

学生进行课堂讨论

 …… 精彩课堂 ……

🌓 学生自主学习总结"1929—1933年大萧条""1977年经济滞胀""2008年金融危机"爆发的背景、原因,结合论文《两次全球大危机的比较研究》,深入理解资本主义经济危机的实质是资本主义基本矛盾的必然产物。

学生进行主题发言

学生进行自主学习总结汇报

🌓 主题发言

老师根据中国社会主义建设的内容拟定主题,学生选择主题并进行主题发言。

组织主题发言的目的是梳理中国特色社会主义建设、改革的阶段、过程及方向,了解我国面临的新形势、新阶段、新任务;了解中国特色社会主义建设的伟大成就,增强道路自信和制度自信。主题内容为:①中国特色社会主义所有制演变及现状;②中国特色社会主义分配制度演变及共同富裕;③中国特色社会主义市场经济的建立;④中国特色新型工业化道路;⑤中国特色农业现代化道路与乡村振兴;⑥中国特色减贫道路;⑦中国特色城镇化道路;⑧经济全球化与推动共建人类命运共同体;⑨经济全球化与国内国际双循环。

"政治经济学"课程汇报主题:中国特色社会主义社会保障体系

## 三、课程名称:生活中的经济学

### 1. 核心内容

新古典经济学创始人马歇尔在《经济学原理》中指出:经济学是一门研究人类一般生活事务的学问。这表明经济学不仅是专门的学问,而且与我们每个人的生活息息相关。现实生活中,经济学的原理和知识处处影响着我们每个人的行为和选择。

本课程结合日常生活中的案例,用通俗的语言普及经济学基本概念和原理,有利于广大学生培养经济学思维方式,并运用经济学原理认识、体会生活中的乐趣,做充满正能量的人。课程内容涉及与十大经济学原理内容相关的经济行为分析,如消费经济行为、企业经济行为、博弈论与经济行为、非理性经济行为、爱情婚姻经济行为等内容的分析。

**2. 课程团队**

本课程负责人:刘江宜。

主要成员:肖建忠、陈艳、胡怀敏、严春晓。

**3. 主要特色**

目前,有关经济学的课程有很多,但将经济学与快乐程度结合起来开发的课程还不多见。长期从事快乐研究的全球知名华裔经济学家黄有光教授指出:快乐是绝大多数人的终极目的,是一个极重要的问题,但对它的关心与研究很不足够,尤其是经济学者。因此,普及经济学概念和原理,让更多的人学习经济学知识,培养经济学思维方式,运用经济学原理来提高生活中的快乐程度,意义重大。

课程特色主要体现在以下几个方面。

(1)将课程思政贯穿整个教学过程。从课程设计到课堂教学,再到课程考核等全部环节,都体现了课程思政的内容。

(2)充分挖掘课程思政的元素。在课程教学中,积极开展课程思政实践,充分挖掘50多个课程思政元素,引导学生做充满正能量的人。例如,通过学习沉没成本原理,教会学生理解"过去的就让它过去"的处事方式;通过学习"公地悲剧"理论模型,引导学生"做公地的守护者";通过学习损失厌恶理论,引导学生做"见好就收"的人;通过学习参照依赖理论,教会学生"不攀比,做最好的自己"。这些课程思政的元素都有利于引导学生树立正确的世界观、人生观和价值观。

(3)将思政元素有机融入课堂教学中。运用小组讨论、案例分享、作业展示等多种形式,引导学生在学习经济学知识的同时,感受经济学"经世济民"的责任,收到了较好的教学效果。

······ 精彩课堂 ······

各位同学,大家好!欢迎来到"生活中的经济学"课程学习课堂。今天我给大家讲一个经济学概念:路径依赖。

**案例导入:键盘的故事**

不知道大家有没有注意过键盘字母的排列顺序,或者思考过为什么这些字母会按照QWERTY排列。这样的排列其实并没有什么规律,我们记忆起来也很麻烦。但事实上,这种键盘起源于19世纪60年代末至70年代初的美国,是一位印刷工发明的。这个发明最初的目的是让打字员的打字速度慢一点。因为打字机是有连杆的,打字员打得慢一点,那么打字机的连杆之间碰撞的机会就少一点。同学们,键盘字母的排列顺序竟然不是为了提高打字速度,而是为了降低打字速度,这本身就是一个有趣的案例,与经济学追求的效率目标相矛盾。

后来随着计算机的发展,打字机已经不用连杆连接了,市面上也出现了一些更高效的键盘排列顺序,但传承下来的依然是 QWERTY 排列顺序。为什么呢?这就涉及我们经济学中的一个重要概念:路径依赖。

1)路径依赖的概念

路径依赖的特定含义是指人类社会中的技术演进或制度变迁均有类似于物理学中的惯性,即一旦进入某一路径,无论是好还是坏,都可能对这种路径产生依赖。生活中人们一旦做出了某种选择,形成一种惯性,这种惯性的力量就会使这一选择不断地自我强化,并让人们不能轻易地走出去。长此以往,人们就会形成一种习惯,很难改变。

第一个使路径依赖理论声名远播的人是经济学家道格拉斯·诺斯。由于路径依赖理论成功地阐释了经济制度的演进,因而他在 1993 年获得了诺贝尔经济学奖。

路径依赖主要通过技术关联性和投资不可逆性来实现。技术上的关联性指的是打字机的硬件和软件是互相关联的。即学了这个软件以后,在一定程度上就会增加打字员学习使用键盘的可能性。硬件和软件是互补的,而且这种互补性促使学习使用键盘的人越来越多。反过来企业也愿意购买这种键盘,因为这样做更容易获得相应的打字员,也就更容易对雇员进行培训。

另一个实现路径是投资的不可逆性。在我们对打 ERTY 字只开展 QWERTY 键盘使用的培训后,打字员一旦掌握 QWERTY 键盘使用方法,再去学习别的键盘使用方法时,必定会产生一个转换成本。它是指消费者习惯了某种技术产品后,转而采用新技术时需要支付与过去学习和习惯相联系的成本,这个成本有的时候会很高。这也解释了,尽管市面上出现了很多看起来更高效的键盘,但是它们最终都被淘汰,而最原始的键盘却被传承下来了。

2)生活中的应用:铁轨间距、衣服扣子、五笔输入法

路径依赖理论被提出来之后,人们把它广泛应用在选择和习惯的各个方面。在一定程度上,人们的一切选择都会受到路径依赖的影响,人们关于习惯的一切理论都可以用路径依赖理论来解释。

**案例 1**  现代铁路两条铁轨之间的标准距离是四英尺八点五英寸,为什么是这个宽度呢? 原来,早期的铁路是由建电车的人所设计的,而这个距离正是电车所用的轮距标准。那么,电车的轮距标准又是从哪里来的呢? 最先建造电车的人以前是造马车的,所以电车的轮距标准是沿用马车的轮距标准。马车又为什么要用这个轮距标准呢? 这个标准是从古罗马来的。因为整个欧洲的长途老路都是由罗马人为他们的军队所铺设的,而四英尺八点五英寸正是罗马战车的宽度。进一步追问,罗马人为什么以这个宽度为战车的轮距宽度呢? 原因很简单,这是牵引一辆战车的两匹马屁股的宽度。故事到此还没有结束。美国航天飞机燃料箱的两旁有两个火箭助推器,这些助推器造好之后要用火车运送,路上又要通过一些隧道,而这些隧道只比火车轨道宽一点,因此火箭助推器的宽度是由铁轨的宽度所决定的。所以,最后的结论是:路径依赖决定了美国航天飞机火箭助推器的宽度,而这个宽度竟是由 2000 多年前两匹马屁股的宽度所决定的。

**案例2** 为什么男士衣服的扣子大多都在右边,而女士衣服的扣子都在左边?以前没注意到这一点的同学可以低头看看自己的衣服,是不是这样?这是《牛奶可乐经济学》一书中的一个有趣的问题。全世界大部分人都是右撇子,衣服的扣子在右边显然更符合人们穿衣服的习惯,那么为什么女士的衣服扣子会在左边呢?这是因为在很久以前,富人家的女子一般都不是自己穿衣服,而是由仆人帮忙穿,所以扣子在左边反而更方便些。虽然现在女士们也都是自己扣衣服扣子,但这种习惯已经形成,难以改变,这就是路径依赖的影响结果。

**案例3** 在读大学的时候,我们学的是五笔字型输入法,为此我背了很多词根,虽然背词根很痛苦,但一旦学会了并持续不断使用,其实也就习惯了。即使现在流行更简单的拼音输入法,但我还是习惯用五笔输入法,这也是一种路径依赖的表现。

生活中这种例子还有很多。

要想避开路径依赖的负面效应,那么在最开始的时候就要找准一个正确的方向。每个人都有自己的基本思维模式,这种思维模式很大程度上会决定你以后的人生道路。以前听过一种说法,即一个人的童年可能会决定了他的人生。从路径依赖理论来看,这似乎是一种必然。我们现在的很多习惯和思维方式,乃至于我们现在的性格,在我们很小的时候就已经埋下了种子,奠定了基础。

**结束语**:一开始就做正确的事

同学们,从路径依赖理论中可以发现,我们要坚持做一些好的事情,因为这是一种正能量的体现,是一种积极向上的行为,如果把这种行为不断地强化下去,那就是一种非常好的路径依赖,你将来的人生就会越走越顺,正能量也会越来越强。因此,我们希望同学们一开始就做正确的事,做好人生的第一次选择,设定好自己的人生目标,这样的人生也一定会越来越快乐!

课程小组展示

课堂上学生分享案例

## 四、课程名称：碳管理

**1. 核心内容**

2020年7月19日，习近平总书记在第七十五届联合国大会一般性辩论上发表重要讲话，向世界郑重承诺，中国将于2030年实现"碳达峰"、2060年实现"碳中和"。"3060目标"的提出，对中国经济社会全面转型和科技创新、绿色金融支持以及双碳人才培养提出了重大要求。经济学系长期以来高度重视资源环境经济学科研教学，以培养"两山人才"为使命，自2016年起就在华中地区率先开设"碳管理"课程。课程核心内容之一是对国家气候变化政策的解读，从国际形势、国情省情、经济高质量发展等多个维度，准确系统阐释中国应对气候变化的政策与行动，鼓励师生主动作为，以实际行动助力国家"双碳"目标的实现。

**2. 课程团队**

负责本课程建设的团队骨干有齐睿、龚承柱、朱冬元、金贵。

本课程还得到了校内外专家的大力支持。以本课程为依托申报的本科教学工程综合改革类项目"碳管理高素质人才培养"得以立项并以优秀考评成绩结题。本课程还得到了中国地质大学（武汉）未来城校区管理办公室的支持，以未来城校区为第二课堂，学生们实地参观了图书馆地源热泵系统、智慧能源管理系统。同时，以本课程为基础自主研发的"碳排放权交易模拟系统"通过了学校设备处立项申请。以本课程为核心，经济学系获批湖北省荆楚卓越经管人才协同育人（低碳经济学实验班）项目资助。

### 3. 主要特色

"碳管理"课程紧跟国际、国内应对气候变化政策前沿,积极响应国家重大社会发展对高素质人才的需求,落实教育部印发的《高等学校碳中和科技创新行动计划》和《加强碳达峰碳中和高等教育人才培养体系建设工作方案》中提出的要求,将《关于完整准确全面贯彻新发展理念做好碳达峰碳中和工作的意见》《2030年前碳达峰行动方案》和《第十四个五年规划和2035年远景目标纲要》等文件的核心精神,与当前国际、国内应对气候变化政治经济形势,碳中和相关科学问题前沿技术,产业链发展政策密切结合,深刻阐释了习近平生态文明思想与"碳达峰""碳中和"路径。

本课程还通过虚拟课堂,鼓励学生主动探索研究"碳中和"相关产业研究报告,学习基本技术原理,分析产业链上下游企业布局,模拟企业开展路演,锻炼学生的综合能力,达到培养复合型、创新型"碳中和"人才的要求。

······ 精彩课堂 ······

本课程充分利用中国地质大学(武汉)未来城校区优美的校园环境,践行"碳中和"环境育人人才培养模式。未来城校区秉持"美丽中国 宜居地球"发展理念,高标准打造低碳节水校园。本课程主讲教师带领学生团队帮助未来城校区成功申报"湖北省首批近零碳示范校园",并将校园变成育人第二课堂。

学生参观未来城校区图书馆地源热泵机组

齐睿老师入选学校"指南针"青年讲师团

## 五、课程名称:经济学原理

### 1. 核心内容

"经济学原理"课程包括微观经济学和宏观经济学两个部分,是经济管理类专业的必修课程,也是经济学课程体系的核心课程。本课程对市场经济运行中的一般规律进行分析。学习本课程有利于学生提高经济分析能力,为学习其他经济类课程打下基础。

**2. 课程团队**

负责本课程建设的团队骨干有朱雅丽、肖建忠、胡怀敏、倪琳。

**3. 主要特色**

本课程将经济学理论与实际案例分析相结合,让学生全面深入理解学习内容。

······ 精彩课堂 ······

**案例 1** 在第三章消费者选择理论中,通过讲授效用理论、无差异曲线、预算约束线、消费者均衡以及收入效应和替代效应,引导学生树立正确的价值观和消费观,坚持理性消费、适度消费、拒绝超前消费、超支消费。

**案例 2** 在第七章生产要素市场和分配中,通过讲述要素市场供求、劳动与工资、资本与利息、土地与地租及收入分配等理论内容,引导学生正确看待收入差距,并思考如何实现共同富裕,进而帮助理解认同我国提出的相关政策和措施。

**案例 3** 在第十二章基于 AD-AS 模型的短期波动中,通过讲授总需求-总供给曲线的含义和推导过程、总供给-总需求模型的含义和基本类型、总供给-总需求模型对外来冲击的反应等理论内容,引导学生理解改革开放和以经济建设为中心的历史意义,特别是我国经济制度在应对外来冲击方面的优越性。

## 六、课程名称:金融学

**1. 核心内容**

"金融学"是财经类专业核心课程之一,应用性强,涉及专业多,学习人数多。教师在课程中引入思政元素,引导和影响学生的世界观、人生观、价值观、

"金融学"课程思政的目标如下。

(1)以习近平新时代中国特色社会主义思想为指导,将知识传授与价值引领有机地结合起来,引领大学生树立理想信念、坚定政治信仰、倡导价值准则、强化社会责任。

(2)立足学科特点,立足社会主义金融体制,聚焦基础知识,关注学术前沿,了解学科动态,探知相关领域。专业课程知识和思政、德育元素的结合应考虑课程特点和内容,挖掘知识点中蕴含的社会主义核心价值观、政治认同、家国情怀、道德修养、文化自信、法治意识等元素,培养德才兼备、全面发展的人才。

(3)注重学习伦理和职业伦理素质的培养,培育志存高远、脚踏实地、尊师重教、刻苦认真、严谨务实的新时代大学生,培育善于探索、勤于钻研、注重实践、经世济民、能适应社会的新时代大学生。

**2. 课程团队**

负责本课程建设的团队骨干有傅振仪、朱冬元、严春晓。

**3. 主要特色**

(1)理论与实际相结合。金融学是应用经济学的一部分,学生在基本掌握相关理论知识的基础上,还须注重对社会经济现象的了解、分析,对市场的认识、熟悉。本课程通过设定知识目标、知识扩展、素质目标3个学习模块,引导学生掌握金融基础知识,扩展学科领域,了解学科前沿,提升金融素养,培养爱国情怀。既锻炼学生善于发现问题、严谨分析问题的能力,增强学生勇于探索的创新意识,又引导学生更好地认识社会主义经济制度的优越性、先进性。

(2)与中国实际结合。在"金融学"教学过程中,教师不仅要求学生了解中国当前经济现象,还通过历史知识的融合帮助学生树立文化自信,了解中国的金融知识和传承特色,通过法律法规的融合,帮助学生树立法治意识,教会学生不踩红线,培养学生良好的职业道德和社会责任感。

(3)课上课下多种方式融合思政元素。课堂上通过教师讲授、学生汇报、案例分析等多种方式拓展知识,课后采用材料阅读、思考练习等方式加深学生对知识的理解。例如,课堂上讲授货币职能和货币制度的内容后,课后不仅要求学生了解人民币货币制度,还要求学生阅读文献,了解人民币国际化相关内容并探究原因、了解现状、分析风险、展望未来。课上课下相融合的教学方式既让学生因人民币影响力扩大而产生自豪感,厚植爱国情怀,又让学生认识到人民币在国际化进程中的双刃剑作用,正视中外差距,增强为中国特色社会主义发展努力学习的信念和实现民族复兴的责任感。

········ 精彩课堂 ········

主讲教师在"金融市场"一章中,融入法律元素、风险元素,结合公司金融、个人理财知识,培养学生参与市场交易的法治意识、规则意识,增强学生遵纪守法的社会责任感。例如,在分析资金盈余者的资产选择与资金短缺者的融资选择时,结合实际案例强化法律法规的讲解,并通过练习让学生认识到个人理财必须遵循遵纪守法的原则。

在"信用"章节的授课中,加入了"培育信用意识"的思政元素。"信用"是一个国际化的名词,各国在经济交易中都非常重视信用意识、契约精神。本课程通过讲解信用知识,引导学生树立正确的价值观。

## 个人理财活动中主要的相关法律

| | |
|---|---|
| 中华人民共和国民法典 | 中华人民共和国公司法 |
| 中华人民共和国商标法 | 中华人民共和国专利法 |
| 中华人民共和国著作权法 | 中华人民共和国信托法 |
| 中华人民共和国商业银行法 | 中华人民共和国证券法 |
| 中华人民共和国证券投资基金法 | 中华人民共和国保险法 |
| 中华人民共和国个人所得税法 | |

……

相关部门规章及解释，如个人外汇管理办法、期货交易管理条例等

课堂上介绍个人理财活动中的主要相关法律

培育信用意识
构建信用制度

**犹太人的契约精神——信用的基石**

犹太商人富甲天下，有很强的契约精神，极其重视契约在经济交往中的重要性，强调时间准确的意义。犹太人签订契约时一定要对每一个环节、每一个条款做详细的讨论，推敲每一个条款，考虑每一个概念，一旦签约，不管出现任何困难也要履行契约。

现代法治社会，契约是独立主体之间的平等协议，与任何身份因素无关，可以发生在任何陌生人之间。

我国传统的"仁义礼智信"是隐形的制度约束，现代经济社会要求的是以权利为前提的平等价值。

课堂上介绍犹太人的契约精神

## 七、课程名称：土地经济学

### 1. 核心内容

"土地经济学"是一门应用经济学、生产要素经济学，是"土地科学"中居重要地位的学科。它涉及社会科学的诸多领域，具有跨度大，实践性、时效性和综合性都

很强的特点。"土地经济学"课程教学内容主要包括土地分区利用、土地集约利用、土地可持续利用、土地管理体制和土地市场等。课程教学内容中蕴含着丰富的思政元素,非常适合进行家国情怀教育,绿色发展理念及法治意识教育。

**2. 课程团队**

负责本课程建设的团队骨干有林巧文、齐睿、金贵、刘江宜、孟霞等。

**3. 主要特色**

本课程思政内容以绿色发展为主线,通过融入家国情怀、法治意识等元素,将理想信念教育与专业课教学有机融合,坚持立德树人,帮助学生树立正确的世界观、人生观、价值观。

(1)家国情怀价值引领。在甄别土地与国土的概念时引入版图概念,教学生正确使用地图,让他们增强"一点都不能少"的国家版图意识;通过组织学生学习我国土地资源的基本国情视频资料以及观看《中国大地》等影片,让学生意识到土地承载着我国人民的共同命运,增强学生的爱国情、强国志、报国心。

(2)绿色发展理念渗透。教学过程中坚持将习近平总书记提出的绿色发展理念及习近平生态文明思想贯穿始终,如在土地分区利用、土地集约利用、土地可持续利用等内容的教学过程中,引导学生树立和践行"绿水青山就是金山银山"的发展理念,深入理解最严格的生态环境保护制度,充分认识形成绿色发展方式和生活方式的重要性、紧迫性、艰巨性。

(3)法治意识培养。在讲解我国的土地所有制、土地使用制、土地管理体制等内容时重点强调土地产权必须经过登记、我国的土地所有制是社会主义的公有制等知识点,让学生认识到法治意识对个人、家庭、社会、国家都有着深远的意义,一定要做到知法守法、依法办事。

...... 精彩课堂 ......

本课程将传授式教学、互动式教学与研讨式教学相结合,通过综合运用角色扮演、案例分析、课堂辩论、专家讲座等多种多样的教学手段和方法,创新教学方式,充分调动学生的主观能动性。同时,将课程思政元素以润物无声的方式贯穿其中。对于"土地经济学"课程教学中的相关原理、土地政策、土地利用方式、土地价值构成等基本理论性内容,以传授式教学为主;对于"土地经济学"课程教学中的土地产权制度改革、土地价值内涵评估等可以发挥学生主观能动性的内容,以互动式教学模式为主,即以"教师提出问题—学生思考问题—学生发表观点—教师总结评价"的路径来组织教学,实现师生的双向互动;对于"土地经济学"中的动态热点问题,以研讨式教学模式为主,由教师布置任务,学生将自行查阅的资料带到课堂,就大家共同关注的土地经济学热点问题展开讨论。

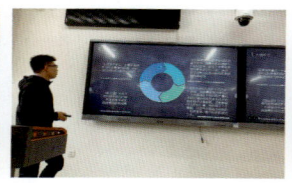

课程研讨

## 八、课程名称：投资学

**1. 核心内容**

1）"投资学"课程思政的目标

"投资学"课程思政的具体目标如下。

（1）以投资专业知识的案例为教学切入点，推进习近平新时代中国特色社会主义思想进头脑，引导学生了解世情、国情、党情、民情，让学生切身体会到中国大市场的鲜明特色和实践成果，增强对党的创新理论的政治认同、思想认同、情感认同，坚定中国特色社会主义道路自信、理论自信、制度自信、文化自信。

（2）引导学生关注学术前沿、行业动态。课程内容要体现前沿性和时代性。前沿性是指通过向学生介绍专业最新的著作和学术期刊，尤其是中国学者的学术成果，使学生及时把握国内外研究现状；时代性是指让学生及时了解投资的现状和趋势，拓宽专业视野，做到思想和行动与时俱进，做好职业生涯的长远规划。

（3）培养学生努力拼搏、攻坚克难的科学探索精神和经世济民、诚信服务、德法兼修的职业素养。

2）"投资学"课程的思政元素

（1）"投资概述"章节中的思政元素。结合我国市场经济体制与宏观投资体制历史演变过程，拓宽学生的国际视野，培养学生的家国情怀。

（2）"证券投资概述"章节中的思政元素。结合证券投资与投机相关知识，一分为二地看待投机在证券市场中的作用，培养学生辩证思考的能力。

（3）"证券市场及其运行"章节中的思政元素。和谐有序的证券市场需要参与者共同维护，作为投资人需要遵守制度与规则。

（4）"无风险证券的投资价值"章节中的思政元素。证券投资的成败取决于投资决策是否正确，教会学生对证券投资价值进行客观评价，对市场价格走势进行准确判断，尊重经济运行的客观规律。

（5）"证券投资分析"章节中的思政元素。结合上市公司的基本面分析案例，告诉学生：今后无论是以创业家、企业家的角色还是投资人角色参与投资决策，都要积极承担社会责任。

（6）"不确定条件下的产业投资决策"章节中的思政元素。以典型实例说明专业能力强的投资者能获得更高的收益,增强学生学习专业技能的信心,激励学生不断提高投资分析能力,教会学生正确看待竞争。

(7)"宏观投资"章节中的思政元素。结合当前实施的财政政策和金融政策,让学生深刻理解投资宏观管理的各种手段,增强对党的理论政策的政治认同、思想认同、情感认同、理论认同,坚定中国特色社会主义道路自信、理论自信、制度自信、文化自信。

**2. 课程团队**

负责本课程建设的团队骨干有徐翔、刘云忠、邵红梅等。

**3. 主要特色**

(1)从对比维度设计教学案例,讲好中国故事。改革开放40多年以来,在中国特色社会主义思想的指引下,中国特色社会主义制度走出了一条独立发展之路,取得了举世瞩目的成就。在讲解"行业分析"内容时,引入新能源汽车投资价值专题案例。在新能源汽车行业发展过程中,中国制造"新版图"进一步扩大。如深圳比亚迪股份有限公司等企业,从依赖整车进口到依赖零部件组装再到掌握核心科技,实现了中国新能源汽车行业的弯道超车。这些创新发展得益于中国坚持发展先进制造业,构建完整的制造业体系。本课程通过分享新能源汽车发展案例,让学生们为中国力量、中国精神、中国效率自豪,从而厚植爱党、爱国、爱社会主义的情怀。通过中外科技创新比较,让学生在正视中外差距的基础上坚定发展国民经济的信心,使对"中国特色社会主义为什么好"的解答在青年学生中实现共识共鸣。

(2)理论与实践紧密结合。"投资学"课程通过向学生介绍证券投资分析、产业生命周期理论等基础知识,结合实践讲述投资组合收益与风险的衡量、资本资产定价与投资组合管理等内容。学生不仅需要掌握扎实、系统的投资理论知识,还需要掌握投资实务专业技能,锻炼协作与沟通能力,掌握在投资实践中灵活运用投资学知识的方法。教师帮助学生培养正确的唯物史观,提升决策和管理能力,助力他们成为专业投资管理人才。

(3)课程考核环节,教师在命题中融入时政热点,实施课程思政教学。这种方式既能使学生运用理论知识思考、解决实际问题,又利于开阔学生的视野,培养学生批判性分析和处理问题的思辨能力。

······ 精彩课堂 ······

**命题案例** 2021年12月8日至10日中央经济工作会议在北京举行,会议提出2022年的经济工作要稳字当头、稳中有进,并继续实施积极的财政政策和稳健的货币政策。根据这一小段材料,结合我国目前经济发展的现状,说明现阶段我国在投资宏观管理方面的政策搭配并简要分析。

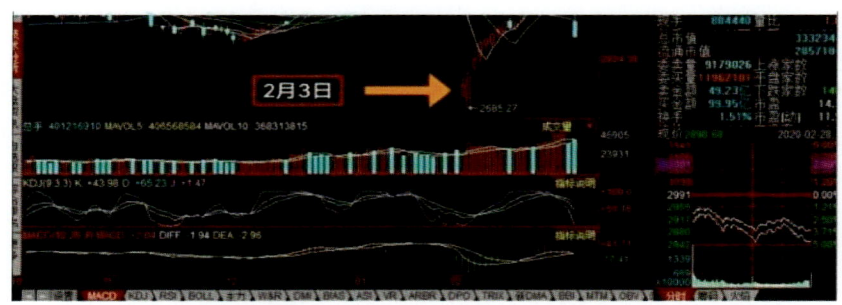

投资实践展示

在课程讲授中,采用以学生为中心的讨论式、启发式教学方法并紧扣当前时事热点来开展股票投资基本面分析。比如,在全球经济面临多重重大挑战的背景下,政策性稳增长的必要性有所提高,为了应对经济下行压力,应逐步放开金融、能源、电信、电力等基础领域,以及教育、医疗等服务领域的市场准入,加快5G网络、数据信息中心等新型基础设施建设进度,培育新的经济增长点。在授课中,围绕国家战略布局,培养学生投资布局要与时俱进的意识,将投资跟科技创新相结合,以资本方式驱动我国自主研发能力提升及产业升级。

## 九、课程名称:博弈论与信息经济学

### 1. 核心内容

通过"博弈论与信息经济学"课程的学习使学生全面系统掌握博弈论与信息经济学的基本概念、基本原理和主要方法;了解和掌握所要研究的问题、重要的理论和方法,认清博弈和信息的作用及其局限性,为经济类、管理类专业学生的专业课学习和学术研究奠定扎实的基础;引导学生运用马克思主义的基本立场、观点和方法正确认识博弈论与信息经济学学科分析方法及其局限性;培养学生运用博弈思维方式处理复杂多变的决策问题的能力;培养学生运用博弈论原理和信息经济学原理解释并分析我国经济发展中各种经济现象的能力;拓宽学生经济研究的视角和途径,提升学生素养,联系中国经济发展实际,培养学生经世济民的家国情怀;通过小组学习,培养学生的创新和团队合作精神。

本课程的教学内容主要是博弈论的基本理论,完全信息静态博弈、完全信息动态博弈、不完全信息静态博弈、不完全信息动态博弈等理论,以及信息经济学中的委托代理理论、道德风险与逆向选择及机制设计理论。

### 2. 课程团队

负责本课程建设的团队骨干有陈艳、龚承柱。

**3. 主要特色**

(1)对博弈论模型中所蕴含的符合社会主义核心价值观的策略思维进行提炼。比如,在教授囚徒困境模型时,结合社会现实"内卷"、价格战以及寡头垄断模型——"古诺模型",用大量丰富的案例帮助学生理解小我与大我、个人利益与集体利益的关系。在教授柠檬市场存在逆向选择时,让学生们明白:日常生活中做到见微知著,即注意日常生活中的小事和细节,这些是最好的信号传递;从学生时代就要注重积累良好的口碑,建立信誉机制,不要成为"柠檬人才"。本课程通过专业知识的传授,帮助学生正确了解作为一个品格健全的中国人应具备的基本素养及应对国际上纷繁复杂的各种政治经济问题的方法和途径,同时帮助学生在大国竞争背景下树立服务国家、服务人民的社会责任感。

(2)通过让学生分组对现实案例进行博弈分析并在课堂进行展示,树立学生的专业自信和文化自信。学生分组设计案例并在课堂上展示案例一直是"博弈论与信息经济学"课程的教学内容之一。通过课堂展示,学生不仅深入了解了博弈论相关经典案例,增强了学习的信心,同时也拓展了专业课的知识领域。比如,通过收集并分析中国古代军事中的博弈案例,学生感受了中国古代文化的博大精深,增强了文化自信;俄乌冲突、中美贸易等国家之间的博弈让学生们认识到国力强盛的重要性,坚定了为中华民族伟大复兴而学习的信念;猎鹿博弈让学生们明白了合作的重要性。

······ 精彩课堂 ······

学生进行案例展示(一)

学生进行案例展示(二)

## 十、课程名称:劳动经济学

**1. 核心内容**

"劳动经济学"课程核心内容:劳动力市场供需理论与应用、劳动力生命周期与劳动参与决策、劳动力价格决定因素、人力资本投资、劳动力流动(移入、移出与人员流动)、劳动力市场工资决策(工资差别与收入分配制度)、劳动力市场歧视等。

**2. 课程团队**

负责本课程建设的团队骨干有孟霞、李通屏。

**3. 主要特色**

本课程的主要特色是理论讲解、案例分析与课程实践相结合。课程教学分为3个环节,第一个环节是劳动经济学经典理论与研究前沿的介绍,帮助学生建立对学科的整体认识。第二个环节是典型案例分析。劳动经济学的教学内容与实际生活联系度高,在每个章节的教学中,团队会精心设计教学案例,帮助学生更直观地理解教学内容,同时通过对案例的间接体验,帮助学生做好日后进入劳动力市场的就业准备。第三个环节是教学过程中特有的实践环节,本课程针对大学三年级学生开设,大学三年级恰好是学生毕业实习前期,因此我们在课程中预留了一部分实践思考提纲,需要学生在毕业实习过程中进行完善,并要求学生在毕业实习手册中对相关问题进行反馈,借此帮助学生更好地学习课程内容。

...... 精彩课堂 ......

本课程围绕"劳动经济学"核心教学内容开展为期8周,共32个学时的课堂教学。在教学中,教师由浅入深介绍劳动力市场供需理论、劳动力流动理论等内容,依据学生既有经济学供需理论基础,将讲解内容延伸到特定劳动力市场中,引导学生理性认识劳动力市场宏观供需动态均衡状态。随后将教学内容转入劳动力个体供给决策上,借助分析工具引导学生从人力资本投资角度选取对应要素并对个人进行投资,增加劳动力市场竞争能力。在此基础上,进一步分析劳动力市场工资决策,分析企业薪酬制度,帮助学生理解劳动力市场中用人单位薪酬确定思路,引导学生从劳动力需求者角度评价劳动力价值。课程结尾处,挑选劳动力市场歧视问题作为一个分析主题,从个人、企业、政府3个角度分析劳动力市场存在歧视的现象、原因以及可能的解决方式,借助经济学工具与模型分析歧视问题背后的经济原理,通过选取的典型案例详细讲解劳动力市场歧视问题,同时从文化背景、社会评价体系、价值判断标准等深层次角度,剖析劳动力市场既存的歧视问题。

除了课堂学习内容外,我们还给学生准备了体系化的课外学习资料(分为理论学习资料包和实践操作资料包),对课堂讲授内容进行补充与扩展,供学有余力的同学学习。

受各种外部环境因素影响,劳动力市场的评价标准在遵循经济规律的同时,也出现了一些违背规律的个案。在整个课程的讲解过程中,教学团队不仅要对共性问题进行阐述,同时还会讲解特定环境下出现的个案,尤其是针对就业过程中可能遇到的不公平的现象进行讲解,帮助学生从教学中获取日后工作可能需要的学术铺垫与精神支持。

## 十一、课程名称:宏观经济学

### 1. 核心内容

"宏观经济学"课程以凯恩斯主义宏观经济学理论为主体框架,并且融合新古典宏观经济学、新凯恩斯主义经济学和新增长理论。教学内容主要包括国民经济核算基础知识,凯恩斯主义关于国民收入决定的三大模型(简单的国民收入决定模型、产品市场与货币市场模型、总需求与总供给模型),宏观经济目标与政策有效性分析,通货膨胀、失业、经济增长与开放经济下的国际收支问题等,以及当代宏观经济流派,如货币主义、供给学派、新凯恩斯主义与新古典宏观经济流派等的主要思想。本课程不仅为学生学习其他相关专业课程建立理论基础,而且帮助学生把握宏观经济学分析工具并以此来理解现实中的宏观经济,尤其是中国宏观经济。本课程理论性与实践性均很强,理论层面关注宏观经济模型演变,实践层面关注宏观政策手段配合。

**2. 课程团队**

负责本课程建设的团队骨干有吴巧生、宋益。

**3. 主要特色**

本课程将诚信和道德、国际化思维、团队合作、长远规划、创新等德育元素融入其中,使学生在学习专业知识的同时,进一步感受祖国的富强与昌盛,以及中国人民通过不懈努力实现中国梦的情怀。

(1)理论实践比对,夯实基础知识。从GDP相关指标概念和核算等基础知识出发,结合国际统计公报、"十四五"规划文件、中央经济工作会议精神、国际货币基金组织等机构发布的报告,了解中国与国际经济形势,使学生不仅看到中国改革开放的巨大成就,增强道路自信,而且明白高质量发展的重要性。同时,本课程关注政府部门与经济专业网站发布的最新观点,注重诺贝尔奖经济学家观点与思辨讨论的结合,课程内容与我国绿色经济和高质量发展实践密切契合,带动学生深入思考。通过理论与实践的比对,加深学生对知识的理解,夯实基础理论。

(2)拓展全球视野,培养爱国意识。在课堂教学中潜移默化弘扬爱国主义精神,让学生深刻意识到自己就是社会主义新时代伟大进程的建设者和实践者,必须做到学以致用,知行合一。组织学生观看关于经济发展与碳排放相关调查、中国绿色发展实践、习近平总书记生态文明建设相关理念等内容的视频,提出思辨问题"GDP与绿色发展关系",使学生认识中国的负责任大国形象和地位,以及中国经济绿色高质量发展对国际经济的促进作用,增强爱国意识和社会责任感。本课程不仅助力学生掌握宏观经济学GDP核算理念与方法的最新前沿研究,而且引发他们关于绿色经济、低碳、循环发展的思考,帮助学生深度了解绿色经济前沿理论发展情况,弘扬科学精神,同时激发他们的爱国爱家乡的赤子情怀,提升他们参与创新实践的热情和自主学习的力度。

(3)自主探索分析,全面提升素质。采取启发式教学和线上线下分组讨论的教学模式,鼓励学生自己发现身边的时事,从经济学角度提出问题、自主探索、分析问题并查阅资料和数据来支撑或证实自己的答案。"纸上得来终觉浅,绝知此事要躬行",教师应鼓励学生关注国家与家乡的经济发展与建设,在教学实践中学习宏观经济学的基本原理和经典案例,让教学方式更加接地气,学习内容更加深入人心。

###### 精彩课堂

本课程将传授式教学、互动式教学与研讨式教学相结合,通过案例分析、课堂辩论、自主分享等多种多样的教学手段和方法的综合运用,创新教学方式,并且在充分调动学生的主观能动性的同时将课程思政元素以润物无声的方式贯穿其中。例如,鼓励学生自主探索他们关注的现象并用经济学思维展开研究,分享观点。

学生在课堂上展现自我、分享观点(一)

学生在课堂上展现自我、分享观点(二)

# 第三章
# 工商管理系课程思政

# 第一节　工商管理系课程思政建设特色

（1）聚焦专业大思政，整体推进全系课程思政建设。按照校院党委指示，遵循教务部门具体要求，工商管理系进行了深入研讨，并确定了"意识激活—能力提升—行动落实"的课程思政建设总体思路，以习近平新时代中国特色社会主义思想为指导，全面落实课程思政教育要求。

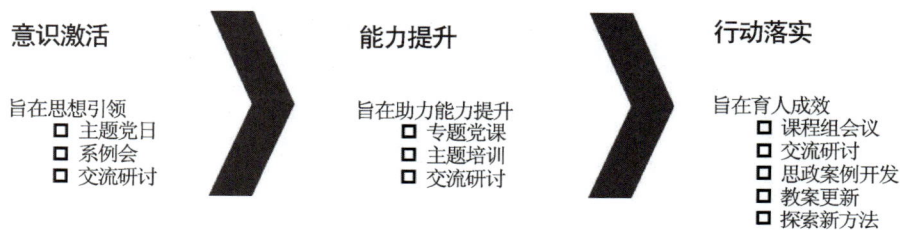

工商管理系课程思政建设

（2）挖掘本土案例，讲好中国故事。案例是增强课程思政实效性的重要抓手，生动的案例能够提高课程思政的吸引力、感染力、说服力。工商管理系的教师们要善于开发本土案例，讲好中国管理故事，在培养学生专业能力的同时，帮助学生提升文化自信、理论自信，树立扎根中国大地的专业理想。

（3）传承红色基因，赓续红色血脉。教师们将党史学习教育成果融入专业课课程思政教育。例如，将党的优秀作风、先锋模范等作为思政元素，与课程专业内容有机结合，对学生进行价值引领，通过隐形渗透、元素融合等方式寓价值引导于知识传授之中，引导学生树立制度自信、"为人民服务"的价值观与职业选择路标。

（4）内化于心，外化于行，精心设计多样化思政活动。课程思政润物无声的最高境界在于"启智润心，身体力行"。让课程思政的"显性与隐形"有机结合的关键在于引导学生主动探索、思考、行动。为此，教师们精心设计了多样化的学生活动，旨在达到课程思政"内化于心，外化于行"的育人效果。

## 第二节　工商管理系课程思政建设阶段性成果

（1）思政引领，建成国家级一流专业、一流课程。聚焦专业大思政的课程思政建设方案，加强系支部对教师的思政引领，强化"以本为本""立德树人"的专业建设。目前已成功申报"工商管理"国家级一流本科专业、"管理学"国家级一流课程、"市场营销"省级一流专业、"市场营销学"省级一流课程。

（2）以本为本，教学成效显著。以"课程思政"建设为抓手，贯彻落实"以本为本"的理念，强化教师"教书育人"本职工作，取得显著成效。近年来，获湖北省级教学成果奖1项，获批湖北省级教学改革项目2项、校级本科教学改革项目10余项。

（3）立德树人，育人成效显著。围绕本土案例建设、"红色管理故事"等内容，建设教学实习基地2个；将解决中国管理问题作为专业实践目标，邀请业界大咖开展"营销新蓝海：直播营销"等专题讲座，这些讲座专题贴近中国管理实践，学生评价高；系统更新专业课程内容，新开设"新媒体营销""商业伦理"等课程，注重"中国式管理前沿"研究及专业思政建设。

## 第三节　工商管理系课程思政示范课

### 一、课程名称：管理学

**1. 核心内容**

"管理"概念的提出，可以追溯到远古时期古埃及金字塔、中国万里长城的成功建造，靠的是什么？有效的管理！"管理学"课程既是科学又是艺术。该课程集经典的管理理论、新兴的管理理念以及丰富的管理案例于一体，主要研究管理者如何在动态的环境下有效地管理其组织，以培养学生从事计划、组织、领导和控制等相关工作的综合管理技能。

**2. 课程团队**

负责本课程建设的团队骨干有余敬、刁凤琴、张京、孙理军、张琦、张尧。

**3. 主要特色**

本课程集传统管理思想与当代中国式管理实践于一体，立足激发学生面向中国国情的专业志趣。本课程获得首批国家级一流课程、国家级精品资源共享课程、教育部来华留学品牌课程等荣誉。

（1）深入挖掘传统文化中的优秀管理思想，增强学生的文化自信、理论自信。开展多样化课堂活动，充分调动学生积极性。设计"阅经典，学管理"的读书分享活动，引导学生阅读经典著作，从中国传统文化中探寻中国管理的奥秘。学生积极踊跃，效果良好。

（2）立足中国管理实践，将中国优秀企业管理实践与管理学知识点深度融合，形成本土案例汇编，如借鉴"华为的领导""顺丰的科学管理""京东的组织变革"等案例，启发学生思考中国管理问题，为中国管理现代化发展培养人才。

······ 精彩课堂 ······

设计具有挑战度的基于以问题为导向的教学方法（Problem-Base Learning，PBL）的翻转课堂团队项目，通过学生课前的线上自学、探索思辨，"培"自主精神；课中的合作体验，讨论式学习，"树"情感认同；课后的创新实践，实践式学习，"促"知行合一。

"阅经典，学管理"读书分享活动

思政能力提升讲座　　　　　　　思政能力提升教研活动

 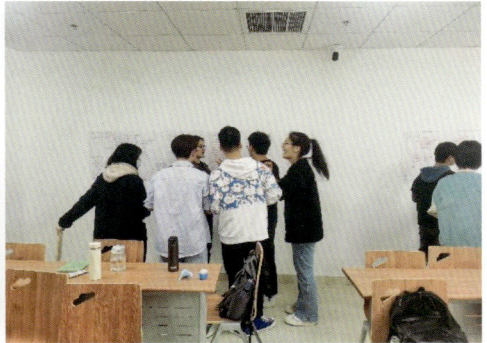

行动学习促知行合一

合作学习分享

进企业认知"控制"职能实践　　　　进企业采编本土案例

进企业聚焦本土管理实践　　　　进企业强化"制造强国"建设意识

## 二、课程名称：市场营销学

### 1. 核心内容

"市场营销学"课程具有科学性和艺术性特点。本课程旨在向学生介绍市场营销理论及其实践应用知识，核心内容涵盖营销模型、营销基本概念、营销环境、消费者行为、营销战略、市场细分、目标市场、市场定位，以及营销4P策略[①]等。

### 2. 课程团队

负责本课程建设的团队骨干有严良、郭锐、谢雄标、侯俊东、熊艳、张俊杰、周敏等。

### 3. 主要特色

本课程采用汉语和双语两种教学模式在不同的教学班中展开教学。教师将中国企业和企业家的营销实践成就贯穿于课程每一个单元的教学过程之中，进行人文性、思想性和专业性三融合的思政元素植入。同时，教师在课外素质拓展环节中基于学生的知识和能力，引导学生运用营销知识，以团队研讨方式自主开展中国企业营销实践案例探究。通过教与学的互动，实现讲好中国企业故事、提升学生对中国企业的品牌自信、增强民族文化自信的课程思政目标。

（1）人文性。进入营销3.0时代，营销传播不再像以往一样单纯对消费者进行产品灌输，而是以媒体的创新、内容的创新、传播沟通方式的创新去征服目标受众。此时关注点不再是用户，而是广泛意义上的"人"，带有人本主义的色彩。教师在教学过程中重视与学生的情感交流，融入人文关怀，结合社会现实环境，运用消费心理学理论逻辑，引导学生感知社会主义体制优越性和中国共产党及中国政府为人民服务的宗旨，增强学生的获得感、幸福感。

---

① 4P策略即市场营销组合策略，分别为产品（Product）、价格（Price）、渠道（Place）、促销（Promotion）策略。

（2）思想性。本课程结合营销理论知识点，分享众多中国优秀企业及企业家的营销思想，宣传自强不息的精神，传递中华民族伟大复兴的远大抱负和情怀，将爱国教育贯穿教学的全过程。

（3）专业性。将案例学习贯穿教学全过程，重视教学过程中的师生互动。本课程采用线上线下相结合的授课方式，运用课堂研讨、营销辩论、个人和团队营销案例分享等多种教学形式，从营销理论专业视角，对社会关注的企业营销实践问题进行解读和分析，凸显企业社会责任，倡导民族自信、文化自信、品牌自信，弘扬民族自豪感和创新精神。

······ 精彩课堂 ······

"市场营销学"作为管理专业核心基础课程，荣获"湖北省精品课程"称号，同时，"市场营销专业"获评湖北省省级一流本科专业。本课程已成为地大经济管理学院的重点课程，并在其他学院的一些专业中广泛开设，留下诸多精彩瞬间。

教师分享茶颜悦色营销实践

教师分享小米营销实践

课堂辩论（一）

课堂辩论（二）

学生自主学习分享（一）

学生自主学习分享（二）

团队学习分享

团队课外素质拓展研讨

教师点评哔哩哔哩营销案例

教学团队成员交流

本课程在哔哩哔哩（B站）平台开设课程思政专栏

## 三、课程名称：企业战略管理

### 1. 核心内容

从管理学视角分析和揭示"企业为什么能够获得竞争优势、如何获得持续的竞争优势"是"企业战略管理"聚焦的核心议题。本课程重点关注：企业发展的方向，企业的长远利益和发展潜力；从企业整体、全局的角度出发，服务企业的可持续发展；以复杂多变的经营环境为前提，保证企业在动荡环境中的生存和发展。本课程以战略管理全过程为脉络，帮助学生掌握战略管理的核心知识，拓宽学生的视野，提升学生独立思考、系统把握、开拓大局的能力。

### 2. 课程团队

负责本课程建设的团队骨干有马海燕、余敬、曹献秋、周国华、陈莲芳、孙理军、刘家国、王晓川、池毛毛。

### 3. 主要特色

本课程将思政教学与企业战略相结合,推及个人战略、地方战略、产业战略和国家战略,立足国际视野,培育战略思维,形成长远视野、宽广视野、整体视野、趋势视野和纵深视野。

(1)搭建了"9个维度30个主题的思政案例树",深化战略思政建设。以课程计划为纲,围绕每章内容凝练思政课程的主要方向和具体议题,师生共同丰富思政素材。让学生在收集整理案例、课程辩论和优秀案例评选的过程中了解中国古代战略、大国战略、老字号企业重塑战略、攻克"卡脖子"的转型战略等,并且在了解战略管理知识内容和形塑战略思维的同时,凝聚共识,同心共筑中国梦。

(2)跟踪调查特色企业的发展战略,将思政教学与具体企业的战略管理知识相结合。通过融合企业战略管理知识与思政元素,并将之应用于本土跨国企业、资源类企业、珠宝企业、软饮料企业等不同板块企业,引领学生关注企业、关注民生,培养学生的社会责任感。

…… 精彩课堂 ……

学生剖析企业战略实例

融入思政元素的优秀学生报告线上展示

线上课程思政主题专栏

本课程在哔哩哔哩（B站）平台开设课程思政专栏

## 四、课程名称：组织行为学

### 1. 核心内容

"组织行为学"是面向工商管理大类各专业开设的必修基础课程。组织行为学属于应用行为科学，是研究个体、群体以及组织结构对组织内部行为的影响，并运用这些知识来改善组织效率的科学。本课程从个体行为、群体行为、组织行为3个层面论述个体与组织的相互作用及其行为规律。其中，个体行为包括知觉与归因、价值观与态度、个性、情绪与压力、激励，群体行为包括群体行为基础、工作团队、沟通、领导，组织行为包括组织结构、组织文化、组织变革与组织发展等内容。

### 2. 课程团队

负责本课程建设的团队骨干有王萍、池毛毛、武剑。

### 3. 主要特色

（1）完善"组织行为学"课程思政教学大纲。本课程教学除了以知识传授和能力提升为目标外，还增加了价值塑造目标。围绕培养大学生政治认同、家国情怀、文化素养、道德修养等思政要求，深度挖掘和提炼课程的思政教育元素，将马克思主义经典理论、新时代中国特色社会主义理论体系、社会主义核心价值观、爱国主义、职业理想等内容纳入知识体系,完善课程教学大纲。

(2)开发课程思政教学内容,建立教学资源库。根据"组织行为学"课程教学大纲,加强课程资源建设,积累关于中国文化价值观和组织管理实践的资源,开发"中国文化价值观和组织管理实践资源库"。广泛收集体现中国文化价值观、社会主义核心价值观、中国企业价值观、优秀榜样人物的信念价值观的美德故事,关于中国员工特征、中国领导实践、组织文化和激励实践的中国组织管理案例、人物故事和文献研究资料,并将上述资料汇编成"中国文化价值观和组织管理实践资源库"。

部分思政教学内容展示

(3)通过专题的实践研讨引导学生参与课程思政资源建设。本课程综合使用启发式教学、案例教学、双语教学、线上线下混合式教学等方法,采用实践研讨、技能训练和素质拓展等教学手段,推行课程思政全覆盖。下面列举两个专题实践研讨小组的作业及其成果展示。

 ……小组作业1……

结合第3章价值观与态度的学习内容,介绍一个中国企业的组织价值观。以案例分享的形式描述和分析它是否与中国企业的组织价值观结构相符合。可以在案例中配上短视频和图片。

本次作业主要涉及的民族品牌企业有米哈游、华为、海信、青岛啤酒、晨光文具、科大讯飞、白象、格力、东风、福耀、海尔、小米、吉利、蒙牛、阿里巴巴、顺丰、美团、金山、腾讯、新大正等。

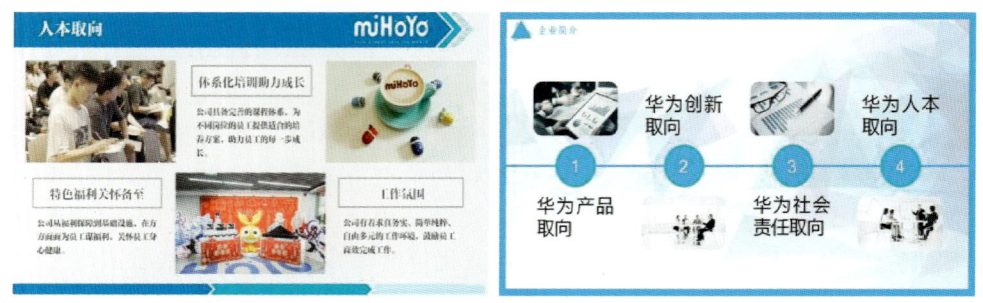

部分企业价值观案例分析展示（一）

部分企业价值观案例分析展示（二）

······ 小组作业2 ······

结合第三章价值观与态度、第四章个性的学习内容开展学习。

### 引导问题1

请采编两位中国共产党的建党先驱、党的重要领导人、政治家的故事，描述他们的革命信念、价值观和个性特征，分析他们的革命经历和个体特征对你们的理想信念、成长成才的启发作用。

学生采编了毛泽东、周恩来、秋瑾、李大钊、朱德、邓小平、刘少奇等建党先驱和党的重要领导人的故事。

部分建党先驱事例分析展示

## 💡 引导问题 2

在建党 100 周年纪念大会上,涌现出了 29 位"七一勋章"获得者。请采编两位功勋党员的先进事迹,分析他们的崇高品格、精神追求。思考你们将怎样向他们学习?

学生采编了张桂梅、崔道植、黄文秀、蓝天野、王占山、陈红军、魏德友、辛育龄等"七一勋章"获得者的先进事迹。

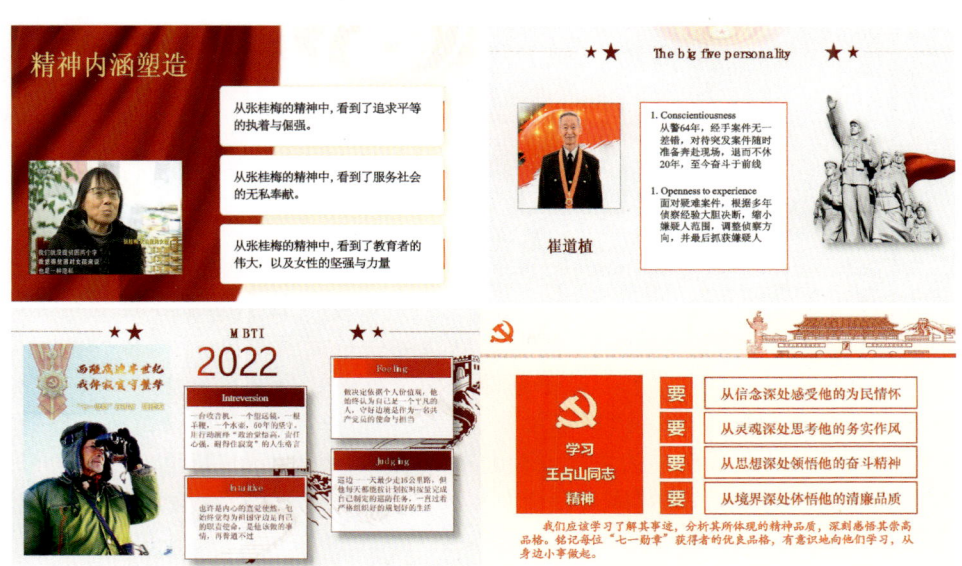

部分"七一勋章"获得者事例分析展示

## 💡 引导问题 3

采编两篇"大国工匠"的故事,分析他们的职业精神和品格与社会主义核心价值观、中国人民族个性的关系。他们的美德对你们未来职业理想和职业道德塑造有何帮助?

学生采编了徐立平、王津、吕其明、刘湘宾、周建民、艾爱国、刘丽、李云鹏、徐立平、胡双钱、刘湘宾、高凤林、李云鹤、吴天一等"大国工匠"的故事。

部分"大国工匠"事例分析展示(一)

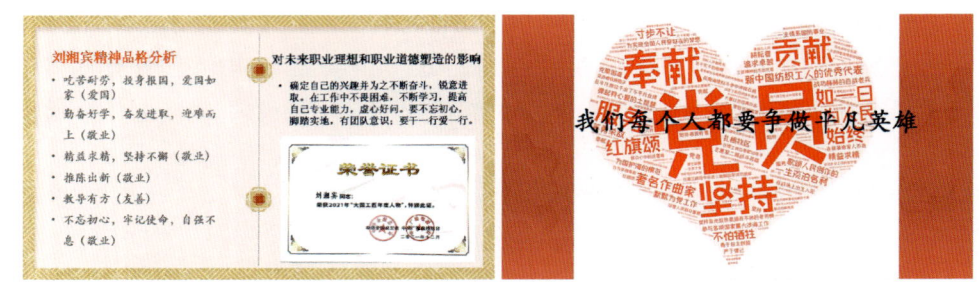

部分"大国工匠"事例分析展示(二)

## 五、课程名称:新媒体营销

**1. 核心内容**

"新媒体营销"是新商科环境下,各商科专业必修的核心技能课程。本课程是我校面向"市场营销专业"开设的专业核心课,共32学时,2学分。本课程培养的技能人才包括但不限于:新媒体营销专员、新媒体营销运营专员、新媒体营销策划经理等。本课程以马列主义和习近平新时代中国特色社会主义思想为指导,秉持立德树人的根本目标,以弘扬"执着果敢、百折不回、明礼诚信、厚德务实、开拓创新、义行天下"的新时代精神为主线,突出"校企合作、创新创业"特色,着力培养服务成渝双城经济圈建设,德智体美劳全面发展,具备较强的新媒体策划、运营、推广能力的复合型高技能人才。

**2. 课程团队**

负责本课程建设的团队骨干有池毛毛、谢雄标、周敏、王飞。

**3. 主要特色**

本课程从以下5个方面把思政元素融入新媒体营销教学中,使理论学习、技能训练与立德树人的思想教育紧密结合起来。

(1)将"四个自信"观念贯穿到新媒体营销教学中,引导学生在搜集素材、处理素材、创作作品的过程中感受祖国的伟大和强盛。首先,让学生深刻领会"为人民服务"的人生观,以成长为社会主义建设者和接班人为己任。如在短视频创作实训中,让学生以"百年风华正青春"为主题,在中国共产党建党100周年时为党献礼,记录祖国的变化,用短视频展现日新月异的家国新颜。其次,引导学生增强对党的创新理论的政治认同、思想认同、情感认同,坚定中国特色社会主义道路自信、理论自信、制度自信、文化自信。

(2)将正能量网络红人的优秀事迹引入新媒体营销教学中,通过榜样的示范效应,一方面加深学生对新媒体营销人职业角色的认识;另一方面在学习新媒体营销专业知识的同时,激发学生回报社会、服务群众、乐于助人的精神。例如,在直播营销的案例导入环节,给学生分享泸州合江网红洪霞妹儿的故事。她通过直播带货摆脱贫困后心怀感激,从未忘记回报社会,将带货取得的一部分收益捐给贫困地区,用于建设乡村学校,解决了村里小孩走3小时山路才能上学的问题。

(3)融敬业、精益、专注、创新的工匠精神于新媒体营销教学中,引导学生研究新媒体传播规律,透过现象看本质,更有效地认清平台运营中出现的问题,正确地分析问题、解决问题。如在自媒体营销的软文写作实训环节,学生除了要学会在今日头条上发布软文和进行内容管理外,更重要的是要学会结合平台推荐机制及发文规范,分析文章的数据,具体包括展现量、阅读量、评论数、点击率、阅读完成率、平均阅读时长等指标。同时,根据指标反复修改软文,重新发布并进行测试,在不断的探索和尝试中,提高文章的阅读量、正面评论数、点赞数等。优秀的新媒体营销专员的成功不是一蹴而就的,而是需要在工作实践中反复历练。这个反复历练的过程促使学生形成了一丝不苟的工匠精神和吃苦耐劳的职业品格。

(4)与企业导师合作设计实训内容,使实训教学对接企业真实项目,让学生深刻认识和感受新媒体运营实战,增强专业自信,感受新技术、新工具对企业开展营销带来的强大助力,提高学生学习新媒体营销的主动性和积极性。

(5)使学生形成良好的媒介素养、求真务实的工作态度、精益求精的职业品格,尊重营销传播规律,坚决抵制唯书本、唯教条行为,科学分析每一个图文、音视频作品的运营数据。

…… 精彩课堂 ……

授课教师参加企业实训

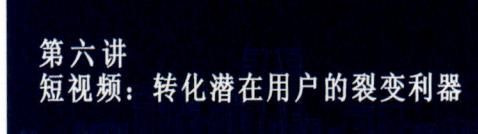 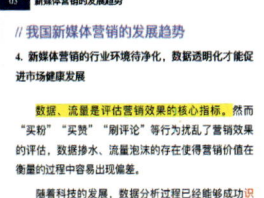 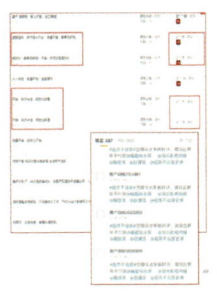

将思政内容融入课程教学

组织学生参加业界相关讲座

## 六、课程名称：商业伦理

### 1. 核心内容

企业是社会的重要组成部分，企业与社会、企业与利益相关者存在着相互依存的关系。在企业经营活动中，伦理问题客观存在。发现、分析并解决经营中的伦理问题，是企业及其管理者的责任所在。

"商业伦理"课程旨在揭示企业在社会中所要扮演的角色及应承担的责任，介绍企业决策的伦理方法，探索企业恪守商业伦理、履行社会责任与可持续发展相结合的途径和方法。

教师们采用理论讲述与课程实践相结合的方式，从古今中外伦理道德的论述开始，通过对市场营销中的伦理、人力资源管理中的伦理、会计中的伦理、环境保护中的伦理和国际经营中的伦理等问题进行模块化主题探讨，引导学生从国际、国家、团队、身边的各种事例中确立伦理意识和社会责任意识。

### 2. 课程团队

负责本课程建设的团队骨干有曹献秋、宋莉萍、张京。

### 3. 主要特色

本课程融思政教学与培养学生伦理意识和社会责任意识于一体，以案例式教学方法，将理论与实践紧密融合、互相补充。

（1）良好的专业课程思政是在润物无声中完成的。在开篇概述部分，以时事新闻作为课前热身内容，以人类命运共同体思想切入课程主题，结合课程知识点开展课堂探讨，培养学生坚强意志与作为管理者的社会担当精神。

（2）课程传授过程中通过挖掘原课程的思政元素，形成思政显性化的专业课程教学设计，并渗透到专业课程教学全过程，将立德树人理念和社会主义核心价值观贯穿于教学全过程，以实现思政育人和专业教学协同发展的目标。

...... 精彩课堂 ......

本课程通过情景再现、互联网＋、扩展阅读等方式为学生提供形式多样的专业学习和责任教育,助力文化建设,理解人应该追求的生活,区分愉悦与满足;理解目的性思考、系统性思考、换位思考、批判性思考、创造性思考,树立文化自信。

商业伦理讲座活动

学生展示企业伦理与社会责任案例

# 第四章
# 统计学系课程思政

## 第一节　统计学系课程思政建设特色

（1）让数据说话，促进思政元素与课程内容深度融合。充分发挥专业优势，根据统计学学科的特点，坚持从数据角度切入，让数据说话，借助图、表等描述性统计方法生动、真实地讲述我国在经济社会发展过程中取得的巨大成就，增强学生的"四个自信"，切实做到思政元素与课程内容的深度融合；抽取改革开放40年庆祝活动、中国共产党成立100周年庆祝活动、历届党代会等重大政治活动上重要领导人讲话中的数据及与统计有关的资料，用图形直观展示党领导全国人民取得的巨大成就，用定量方法检验结果的正确性，用统计模型勾画出经济建设、生活质量等方面的蓬勃向上的发展趋势。

（2）加强学习，示范带动，促进思政教学水平不断提高。鼓励经验丰富的党员教师通过"传帮带"的形式不断帮扶年轻老师提高教学水平；开拓多种途径，促进同事间的教学经验交流，不断提升教师开展全方位育人的素质和能力，取得了较为明显的效果；结合党史学习成果，全方位、立体化、多层次地将思政元素融入教学内容，编写了《基于R的应用统计学》教材，做到润物无声。

（3）扎实践行"理论联系实际"的教学导向，帮助学生尽早树立职业导向，坚定服务社会的远大志向。通过广泛联系企业，在武汉汉王数据技术有限公司和武汉奥普铭市场调查有限公司等企业建立了一批实习实践基地。学生们通过实习，在对理论知识进行检验的同时，也从经济社会的现实发展中体会到了国家发展给人民带来的福祉，进一步增强了学生的爱国热情。

## 第二节　统计学系课程思政建设阶段性成果

（1）教学与思政深度融合，建好统计学湖北省一流专业。近年来，统计学系通过思政教学全覆盖、优秀党员教师示范带动、课程组老师互动交流等多种方式极大地促进了专业教学水平的提升，并成功助力统计学专业获批湖北省一流专业。

（2）多位教师获评先进个人或者"教学水平评价优秀"。统计学系多位教师先后荣获学校"第五届三育人标兵"、"第四届师德师风道德模范"、学院"最美教职工"和"师德师风模范"等多个荣誉称号,9位教师入选学生评教全校前10%教师名单。

(3)统计学系教师近年来获批10项教学科研项目,取得了丰硕成果。统计学系教师在过去5年内共计获批教学项目10项,其中,《基于R的应用统计学》教材建设项目系统融入了思政案例,做到了思政内容与教学内容的有机融合,开创了应用统计教学的新篇章。

## 第三节 统计学系课程思政示范课

### 一、课程名称:应用统计学

**1. 核心内容**

数据资源是各个行业的基础性资料,至关重要。统计学是基于数据处理的一门科学,在当前各领域大数据蓬勃发展的背景下,数据的质和量都在发生着深刻的变化,理解这种变化并适应这种变化,然后采取合适的工具和方法探寻出数据背后隐藏的规律是统计学将要解决的核心问题。"应用统计学"课程将通过介绍描述性统计和推断统计两大块内容系统阐述数据处理的具体步骤,有助于学生正确理解数据现象背后隐藏的本质。

**2. 课程团队**

负责本课程建设的团队骨干有王德运、王林珠、诸艳霞、汪小英、朱永光。

**3. 主要特色**

(1)让数据说话,透过现象看本质。通过对描述性统计和推断统计工具的学习,带领学生透过杂乱无章的数据现象发现数据背后隐藏的规律性知识,并将复杂的数据用直观的图表展示出来,让学生深刻感受到统计学的魅力。

(2)扎实践行理论联系实际的教学导向。本课程依托在汉王数据技术有限公司和武汉奥普铭市场调查有限公司等企业创建的一批实习实践基地,将认知实习、教学实习、学科竞赛、毕业实习、论文选题等环节有机融合,形成了一体化的实习实践教学方案,深受学生喜爱。

...... 精彩课堂 ......

本课程团队巧妙设计课堂内容,借助国家经济社会发展过程中的相关实际数据引出教学内容,将思政元素与教学内容有机融合,通过对描述性统计、推断统计等方法的介绍和应用,进一步发现近年来国家在经济社会等方面取得的伟大成就,并系统分析变化的原因,进一步坚定学生的"四个自信",促进学生树立服务国家、服务人民的远大志向。

"应用统计学"课程理论教学

本课程团队还将理论与实际相结合,利用周末或节假日组织学生与老师共同开展思政教育主题实践活动,并用所学理论知识解释一些常见的社会经济现象。

思政教育主题活动

## 二、课程名称:统计学(专业)导论

### 1. 核心内容

统计学是关于数据的科学,是隶属于理科门类的一级学科。它的最大特点是应用性极强,几乎可以应用到社会科学和自然科学的各个领域。计算机科学的发展促使古老的统计学带来了飞跃式发展,当今大数据时代数据既是资源,又是生产资料,统计学迎来了前所未有的机遇与挑战。互联网、物联网、数字经济、人工智能等新技术、新业态亟需统计专业人才,如具有计算机科学、数学、统计学知识背景的复合型人才。

**2. 课程团队**

负责本课程建设的团队骨干有徐德义、李奇明、王德运、诸艳霞、朱永光。

**3. 主要特色**

（1）用统计开课，身临其境学统计。每年第一节课开始之前，教师会发放问卷（往年用纸质问卷，现在用问卷星平台）做"新生调研"，收集学生感兴趣和老师关心的问题。为得到真实数据，调研均采用匿名答题形式。问卷调查就是常见的统计工作，让学生还没有学统计就用统计，身临其境地学统计。在设计本课程问卷时，将学生的入党意愿、专业兴趣等课程思政内容融入其中，尽量让学生用10个词或短语表达自己的关切，以便用文本分析法捕捉新生思想、生活等方面的动态信息。同时，将课后整理、分析、描述问卷所收集的数据，用图形、地图、数表、公式、词云、脸谱等形式进行展示，并对其中涉及思政方面的内容进行正确引导。这是一个轻松愉快地完成与学生密切相关的统计案例研究的全过程。本课程的总体目标是：一方面，展现统计的魅力，激发学生学习统计的热情；另一方面，引导学生树立正确的世界观、人生观和价值观。

（2）紧抓时机，用统计宣传重要政治思想。改革开放40年庆祝活动、中国共产党成立100周年庆祝活动、历届党代会等重大政治活动上中央领导人讲话中蕴含了大量的统计工作信息，本课程团队及时捕捉其中的重要信息，用描述性统计、文本分析、假设检验、回归分析等统计方法诠释其中的重要精神，展示中国共产党领导下全国人民取得的巨大成就，用定量方法证明改革开放道路的正确性。经过课程教学中对思政内容的大量渗透，学生的课程论文自主选题中出现了"从习近平在改革开放40年大会上的讲话看统计""改革开放40年统计的发展与成就""从改革开放40年来的居民收入看统计"等选题。规范的论文汇报不仅让学生巩固了文件学习成效，也让学生体会了统计工作的重要性。

...... 精彩课堂 ......

课程论文撰写和课程论文汇报实现了学生的"五个第一次"：第一次撰写科技论文、第一次组织学术会议、第一次作学术报告、第一次使用专业编辑排版软件、第一次使用统计软件。教师在课程论文选题过程中引导学生选取政治意义强的题目，在"五个第一次"中特别强调学术道德规范，强调科研工作的严肃性和规范性，同时适时地用自身承担的科研课题启迪学生的思维，激发学生对科研工作的热情。例如，学生张书琪激情洋溢地作以"从改革开放40年来的居民收入看统计"为主题的学术报告，在现场赢得了热烈的掌声，课程思政效果极佳。在第一堂专业课结束之前，老师饱含激情地朗读了习近平总书记在党的二十大报告中对青年人的赠语，当读到"让青春在全面建设社会主义现代化国家的火热实践中绽放绚丽之花"时，全场掌声雷动，经久不息。

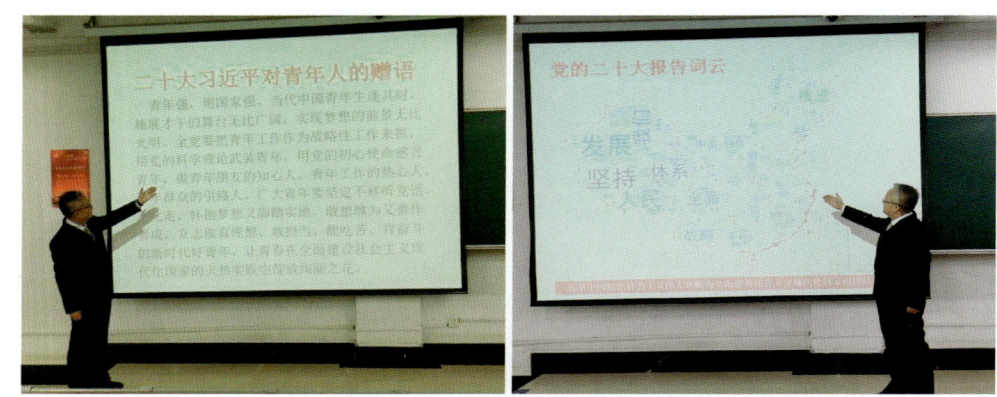

基于党的二十大报告的词云分析

## 三、课程名称：应用回归分析

### 1. 核心内容

"应用回归分析"是统计学专业核心主干课程之一，旨在让学生通过观测数据和现象，借助计量回归模型，认识客观世界的本质。从一元到多元，从线性到非线性，从连续到离散，从截面到时序，从单一到混合……林林总总，万变不离其宗——初心出发，回归本质！

应是橙黄橘绿时，用心研习五更起。<br>回至初心解现象，归去来兮探本质。<br>分段分层渐次进，析得成绩报春晖。

本课程紧密围绕国家宏观统计决策需求来设计，培养学生运用回归分析模型定量分析和解决经济社会宏观发展实际问题的能力。本课程的教学目标包括：①知识目标。使学生系统、全面、深入地掌握回归分析各种模型的应用条件、参数估计方法、模型评价方法以及应用场景的模拟方法。②能力目标。能够熟练运用回归分析模型定量分析和解决宏观经济社会发展的实际问题，实现应用型创新人才培养的目标。③素质目标。将马克思主义哲学认识论的现象与本质、规律与随机、主要矛盾与次要矛盾以及"从实践中来到实践中去"理论融入回归模型构建、参数估计、模型检验和应用中，充分体现课程思政设计特色。

### 2. 课程团队

负责本课程建设的团队骨干有李忠武、许小平、程胜、汪小英、唐鹏程。

### 3. 主要特色

课程内容设计遵循"厚基础、重理论、强应用"的教学理念，针对不同教学内容的特点,制订符合该教学内容的教学计划与教学实施方案,将大纲中的理论内容与实践操作相对应,充分发挥学生主体作用,注重培养学生的批判性和创造性思维。

(1)线上与线下相结合。本课程以线下教学为主,在特殊时期充分利用长江雨课堂、腾讯会议、QQ群等网络平台和工具完成线上同步视频教学、教学资源分享、课程案例讨论、软件实践互动等教学任务。

(2)课堂理论教学与实验实训教学相结合。让学生在课堂内完成课程理论方法的教学,在课堂外以经济社会的实际问题为场景,进行模型构建、参数估计、模型评价和应用等实验实训教学。

(3)应用场景设计教学。本课程以实际经济社会问题为切入点,设置解决问题的场景和数据资源,适当采用翻转课堂和智慧教室,营造具有趣味性和创造性的课堂氛围,使理论与实际相结合、数据与模型相匹配、知识与乐趣相融合。

(4)反思式教学设计。以解决实际问题为参考,分析其他不同的回归方法在解决问题上的优劣性,导入科学合理的理论方法的教学内容,并采用试验教学来对比不同理论方法在解决问题的过程中的效果,强化学生对理论方法的理解。

(5)辩证思维的教学设计。利用课程案例问题,对模型参数估计方法优良性、模型拟合优度和模型简约性等主要矛盾进行分析,从马克思主义主要矛盾和次要矛盾以及矛盾转化的哲学观点出发,优化回归模型的构建和应用,培养学生的科学思辨能力。

······ 精彩课堂 ······

课程思政力求做到自然传神、润物无声,不能过于刻意。下面摘录团队在教学过程中的两个案例,真实再现向学生传递正确的人生观、价值观和世界观的过程。

**普通最小二乘回归直线的拟合**

普通最小二乘法(Ordinary Least Squares,OLS)是回归分析的起点,其本质是从具有线性相关关系的样本观测结果(现象)中寻找对总体特征(本质)进行推断的最佳回归方程拟合,基本原理是找到一条直线(或平面、超平面)使得样本观测点与其距离(误差)最短。

普通最小二乘最优拟合方程示意图中斜率相对较小的蓝色虚线和斜率相对较大的绿色虚线从趋势(都是正相关)上看好像也拟合得不错,然而两者都不是最佳拟合。为什么呢? 因为从残差平方和的角度判断,两者均不是最小,也就是说散点围绕直线的紧密程度不是"最紧密"。相反,图中的红色直线就是那条最优拟合线,因为它的误差最小。

为了让学生深入体会该方法的内涵,教师在授课时把样本观测点比喻为"我们",把回归方程比喻为"以习近平同志为核心的党中央",样本观测点要最紧密地分布在回归方程的周围,正如同我们要紧密地团结在党中央的领导下建设新时代有中国特色的社会主义一样。

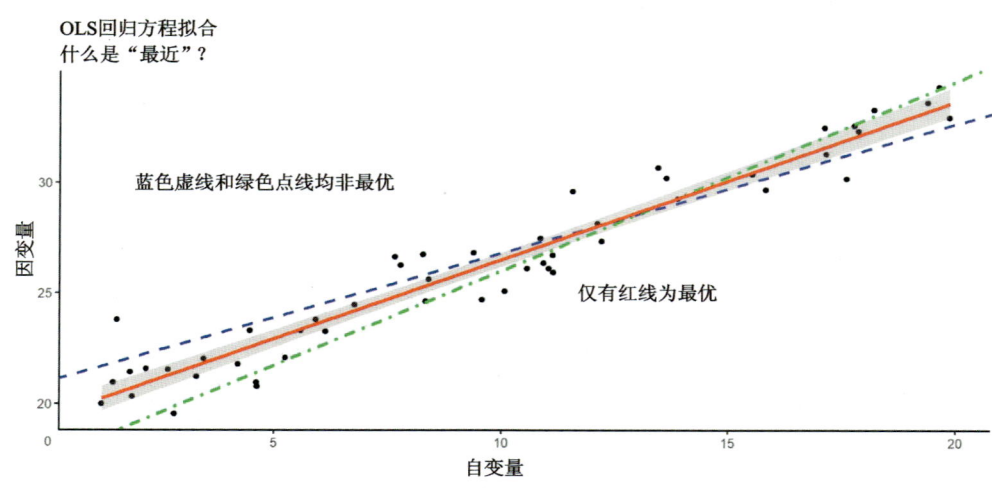

普通最小二乘中最优拟合方程示意图

### 总体与局部回归效应

当样本观测值中存在因子变量时,如果不考虑因子效应,就会出现"一叶障目,不见泰山"的以偏概全现象。此时,既要考虑全局效应,也要分类讨论局部效应,这有助于决策者更好地制定政策,做出精准科学的决策。不同收入阶层边际消费倾向示意图演示了总体消费函数和不同收入群体各自的消费函数,针对不同的边际消费倾向,政府在进行宏观调控时可以针对不同的消费阶层,有的放矢地采取不同的刺激消费手段,以期达到最佳的拉动内需的效果。

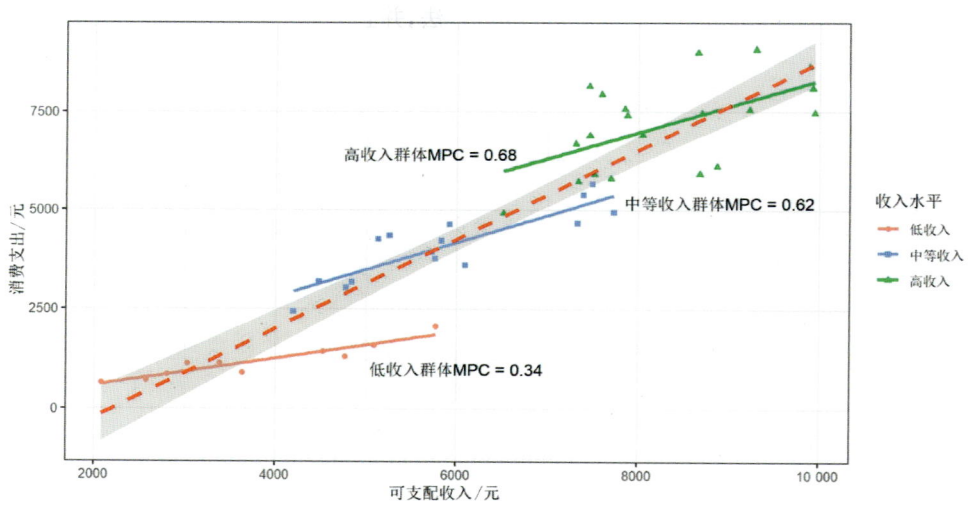

不同收入阶层边际消费倾向示意图

在课堂教学中,让学生从样本数据出发,正确认识居民可支配收入差距客观存在的事实。同时从图中可以看出,中高收入阶层的边际消费倾向(Marginal Propensity to Consume,MPC)差别并不大,而低收入群体的明显偏低。因此,各级政府在制定经济政策时,一方面要想办法通过拓展收入来源、补贴、救助等多种渠道提高该群体的收入水平,另一方面出台刺激消费、扩大内需的政策时,应专门针对该群体开辟符合其消费水平的渠道和推出匹配其消费水平的商品。

## 四、课程名称:金融统计

### 1. 核心内容

"金融统计"课程在课堂教学中融入中国传统优秀文化、中国经济伟大实践、金融发展成果等思政元素,旨在讲好中国故事,宣讲中国方案,培养大学生金融数据分析素养、科学探索的精神、经国济民的情怀。同时,将经济金融理论融入课程教学各环节,解读中国经济金融发展道路和中国模式,引导学生坚定"四个自信"。

### 2. 课程团队

负责本课程建设的团队骨干有程胜、李奇明、诸艳霞、石跃勇、唐鹏程、朱永光。

### 3. 主要特色

(1)实施探究型教学。第一,在提高教学内容的高阶性,注重培养学生形成问题导向的研究思维方式,让学生保持对知识的好奇心,不断挑战自我。第二,在课堂上引入典型文献学习方法,鼓励学生追踪金融理论前沿与最新实践进展,学习借鉴研究方法。第三,鼓励学生创新统计模型方法,并且运用该方法研究中国经济金融发展问题。

(2)课内课外相融合。第一,在课堂上注重引入最新的经济金融事件,结合教学内容引导学生关注经济金融现实问题。第二,充分利用布置作业、作课程报告等环节,鼓励学生开展中国经济金融问题的探索研究。第三,建立课内课外相融合的育人机制,以学术导航、双创实践、论文写作等多种形式和渠道,实现课内课外相互促进、融合统一。

······ 精彩课堂 ······

本课程通过课堂教学、文献阅读、论文撰写等方式,大幅增加学生的专注学习时间,学习氛围浓厚,学习成效明显。

本课程旨在培养学生的科研素养,提升研究能力。课程以经济金融问题研究、统计模型方法学习为重点,通过课内课外相互促进,不断培养学生的科研素养,潜移默化提升学生的综合能力。

"金融统计"课堂教学

学生完成的课程报告示例

## 五、课程名称：资源环境统计

**1. 核心内容**

"资源环境统计"课程的目标是在人与自然关系的基础上，利用统计方法对资源、环境与经济活动的关系予以量化描述和分析。具体内容为：阐述资源环境统计的基本理论和方法，按照资源类别展开统计分析，包括土地资源统计分析、森林资源统计分析、矿产资源统计分析、水资源统计分析等；针对狭义环境所产生的环境污染和环境保护进行统计与分析，对环境影响进行评价，最后介绍环境经济核算的有关内容。该课程理念与我国现行的生态文明建设以及当前的环保任务，坚定坚决打好污染防治攻坚战，树立"绿水青山就是金山银山"的新发展理念相一致。因此，选取合适的思政元素，将思政教育融入该课程，不仅是开展高校生态文明教育的重要依托，更有助于实现专业人才培养目标。

**2. 课程团队**

负责本课程建设的团队骨干有王林珠、李奇明、王德运、诸艳霞、汪小英。

**3. 主要特色**

（1）用数据焦距时事。讲清楚资源环境统计的基本理论、基本内容和基本方法，环境统计体系和环境经济核算体系的基本思想，让学生不仅掌握课程理论知识，还了解国家现在正在实施的政策措施等，及时关注国家最新动态；通过各种途径，如互联网、出版物、广播、电视、社会调研等收集资源环境部门发布的实际数据，分析改革开放前后不同地区的经济发展差异，对比不同时间的数据，让学生感受到我们国家的变化，直面国家的进步与发展；围绕美丽中国建设、人与自然和谐共生的现代化这一思政主线，引导学生树立尊重自然、顺应自然、保护自然的生态文明理念，走可持续发展道路，从资源与环境基本理论出发，应用所学知识对人类社会、生活中的问题进行分析，培养学生从科学角度理解人与自然的关系，提高其科学知识素养。

（2）从实战中获取成就感。根据学生的兴趣组建小组，对生活中的实际问题进行分析，比如对碳排放、空气质量评价、地表水质等问题进行分析。小组合作使得学生之间的交流更加密切，集体荣誉感更强，提高了团队合作能力。部分学生还围绕课程内容积极申报学校创新创业项目，并依托项目开展科学研究，提升了成就感。本课程真正地把各种社会实践带入课堂教学，让学生了解环境资源保护的重要性、紧迫性，以及新时代国家进行生态文明建设、践行"绿水青山就是金山银山"理念等的必要性。

(3)将统计软件与课程有机结合。引入统计分析软件,增加课程教学趣味性、形象化,可以激发学生的学习兴趣,充分调动学生学习的主观能动性,加深学生对课程的理论知识的理解与应用。

······ 精彩课堂 ······

本课程利用统计的分析方法,结合资源、环境、经济知识背景,体现了统计的资源环境特色。在课程教学中运用情景创设、案例研讨等教学方法,巧妙地把"立德树人"育人理念融入课堂,在授课过程中将"知识传授""能力培养"和"价值引领"三大任务进行有机统一。在知识层面,使学生从协调资源环境与经济发展关系的角度出发,掌握环境政策工具的分类、目的、内涵、作用机理与发展前沿;在能力方面,培育学生分析与解决现实资源环境问题的高阶思维与创新能力;在人格养成方面,加强人与自然和谐共生、践行绿色生活与绿色发展方式的自觉意识与责任担当意识;在价值引领方面,坚定学生的专业理想与价值信念,坚实我国生态文化自信。

课堂讨论

课堂实践与课外观察

### 六、课程名称：国民经济核算

**1. 核心内容**

国民经济核算作为宏观统计工具，所提供的信息是经济行为监测、经济分析、国际比较、政策分析与制定以及宏观经济调控与管理的依据，在经济生活中发挥着极其重要的作用。"国民经济核算"课程旨在立足于宏观视角，将国民经济核算原理具象化，展示不同核算部分之间的数量关系，突显中国国民经济现实状况与发展路径，拓展利用国民经济核算数据进行经济分析的基本思路，提升对国民经济的量化思维能力。

**2. 课程团队**

负责本课程建设的团队骨干有汪小英、李奇明、王德运、徐德义、王林珠、李忠武、诸艳霞。

**3. 主要特色**

本课程基于巴班斯基的教学过程最优化理论，通过逻辑起点、内容要素、教学方法、辅助手段与评价等教学要素的最优化组合构建本课程的多维互动专题教学模式，相关研究成果以期刊论文的形式公开发表。

（1）将思政理念引入教学课堂，使思政教育与经济学专业素养提升交融互促，用数据讲好中国故事。在课堂教学中，结合经济学理论基础，融入思政教育元素，使学生理解马克思主义中国化、现代化是对马克思主义的不断丰富与发展；结合国家方针政策，阐明中国政府治理的科学性和强有力的政策执行力；结合中国经济改革发展所取得的巨大成就，潜移默化弘扬爱国主义，激发学生爱国爱家乡的赤子情怀。

（2）将思政理念融入案例教学，让学生深度掌握绿色经济前沿理论发展，培育科学精神。

案例教学的主题为"GDP核算绿色理念与绿色发展践行"，与我国绿色经济和高质量发展实践密切契合。本课程采取启发式教学和线上线下分组讨论的方式进行，旨在提高学生对GDP等经济数据内涵的认识与分析能力，锻炼对核算体系前沿发展与应用的专业学习能力及围绕绿色经济发展的创新思维与实践能力，提升学生的绿色人文道德修养。

······ 精彩课堂 ······

本教学课堂采用多维互动的专题教学模式，以效用性为逻辑基础，强调学生主体地位的突出及其与课程思政内容的逻辑自洽，使国民经济核算课程与思想政治理论同向同行，形成协同效应，满足学生成长发展需求和期待。

基于中国经济发展实践的课堂教学

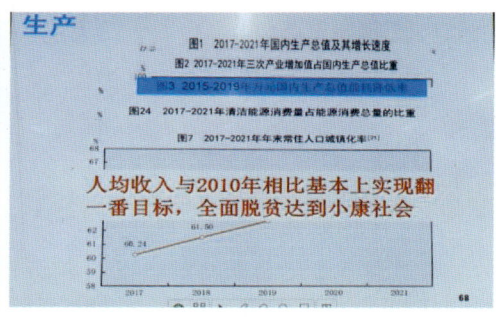

"GDP核算绿色理念与绿色发展践行"案例教学

本课程从"国民经济核算"的经济学理论基础和经济发展的现实基础出发，结合国家方针政策、中国经济改革发展所取得的巨大成就，阐明马克思主义中国化、现代化和中国特色社会主义建设是决定"国民经济核算"与中国实践基本框架的重要基础，从而将课程教学与思政理念相融合，引领学生的思想站位、政治态度和专业思维。

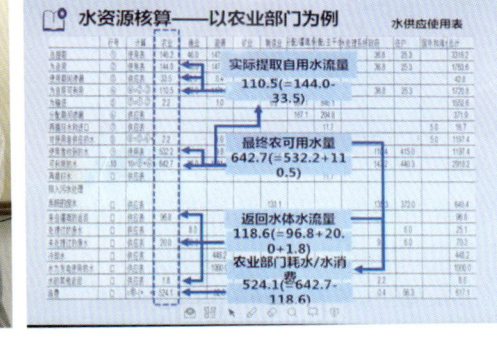

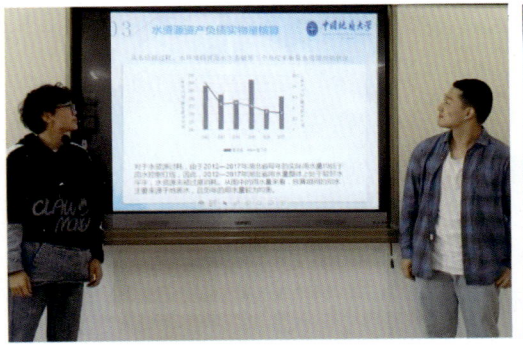

课程小组汇报展示

基于"国民经济核算"课程体系基本框架中的"资源环境核算",组织主题为"GDP核算绿色理念与绿色发展践行"的案例教学,采用学生分组讨论的形式,引导学生参与课程思政交流,充分挖掘和发挥学生内在的学习主动性和积极因素,提升学生的创新思维与实践能力,以及绿色人文道德修养,对学生有效实施"敬畏自然,保护环境"方面的教育,激发学生的爱国主义情怀。

## 七、课程名称:统计预测与决策

### 1. 核心内容

"统计预测与决策"是应用统计学专业主干课程和经济管理类专业选修课程。通过本课程的学习,可以使学生学会把近现代统计学中关于预测和决策的基本方法应用于经济和管理活动中,从而提高经济管理工作的科学预决策水平。本课程要求学生掌握常见的各种预测及决策方法并且能熟练地运用计算机实现学习任务。

### 2. 课程团队

负责本课程建设的团队骨干有朱永光、唐鹏程。

### 3. 主要特色

在新时期课程思政背景下,"统计预测与决策"课程思政建设一方面要突出专业知识的传授,另一方面更要注重学生价值观、人生观和世界观的隐性教育。结合本课程特征,其专业课程思政融合应当突出在两个方面,一方面是理论模型教学过程中的哲学思政建设,另一方面是应用类课程教学中的案例思政建设,使课程思政在专业课教学过程中实现全覆盖。

(1)理论模型教学过程中的哲学思政建设。理论课程旨在从数学角度理解和分析专业知识的科学性,其思政元素的核心在于辩证认识客观世界。与传统的数学理论相比,课程理论教学目标是认识客观世界规律的普遍性,将数学中的"0"与"1"的辩证关系转化为"0"到"1"的演进关系。理论模型的思政元素挖掘主要在于将统计中的概念与思政元素结合,将相关理论概念融入教学过程中,教会学生在思考自然和社会规律的过程中树立正确的价值观、人生观和世界观。

(2)应用类课程教学中的案例思政建设。课程中设置的应用教学环节的教学目标是运用统计模型解释现实问题,其思政元素的核心在于让学生通过现实问题进行自我反思,实现自身成长。案例教学是应用教学的主要手段,一方面需要传授相关理论知识;另一方面能够结合理论知识,运用统计模型解释现实问题。以经济指标预测为例,通过对经济指标的预测,学生能够对我国改革开放以来取得的经济发展方面的标志性成果和突破性进展形成直观深入的认识,从而对我国改革开放取得的成绩产生更强烈的自豪感和获得感。

······ 精彩课堂 ······

在理论模型教学过程中,教师以国家经济社会发展现实问题为背景,启发学生思考理论模型的哲学原理,将哲学思政内容贯穿理论模型教育全过程,培养学生思考能力和科学发现能力,激发学生的学习兴趣。在案例教学过程中,教师充分发挥学生的主观能动性。以第一次导论课为例,从国家政府治理的现实出发,引出为什么要进行预测、预测怎么服务于决策等问题,从发展的视角引导学生思考相关问题。教师还会在课后布置相关作业,引导学生发现政府和企业治理中与预测和决策相关的现实情境,激发学生的职业兴趣和爱国情怀。

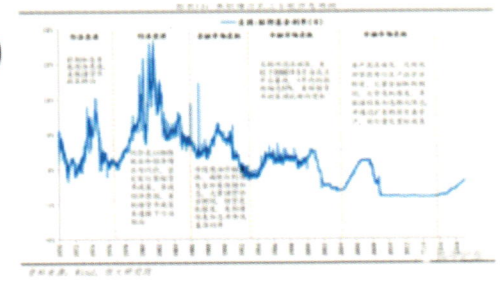

基于社会经济需求的课堂教学

案例教学与小组汇报展示

## 八、课程名称：风险管理

### 1. 核心内容

"风险管理"课程将我国金融发展成果、经济发展伟大实践等思政元素融入课程教学各个环节，在理论分析中，分析不同领域金融风险测量的方法的同时讲好中国金融故事；在案例分析中，展示我国金融领域取得的各项成就；在实践操作环节，分享我国金融领域风险管理的实践成就。本课程旨在解读具有中国特色的经济和金融的发展道路，引导学生坚定"四个自信"，培养大学生的科学探索精神和经国济民的情怀。

### 2. 课程团队

负责本课程建设的团队骨干有程胜、李奇明、诸艳霞。

### 3. 主要特色

（1）实施综合性教学。该课程为专业选修课，且上课时间安排在大三下学期，此时同学们已经学习了很多的专业课程，软件操作步骤也较为熟练。因此，在课程设置上,应提高教学内容的高阶性,注重培养学生问题导向的研究思维方式,引入文献学习环节,鼓励学生追踪我国金融风险测量的最新研究成果;在实践上,鼓励学生综合运用多种风险测量方法和多种统计软件,分析我国金融领域的风险管理问题。

(2)注重学生参与实践环节。首先,设置学生文献阅读环节,要求选取我国金融领域风险管理实践的文献并在课堂进行分享,结合教学内容提高学生对金融现实问题的关注度。其次,利用课程报告的环节,鼓励学生开展中国金融风险管理实践的探索研究;指导学生完善课程报告,并鼓励他们积极参加国家和湖北省举办的统计建模和案例分析等方面的比赛,进一步提升学生综合解决我国金融风险管理实践问题的能力。

······ 精彩课堂 ······

本课程利用课堂教学、实践操作、文献阅读和论文撰写等多环节,将学生的学习内容与课程理论相衔接,积极鼓励学生将所学与具有中国特色的金融实践相结合,在实证中积极探索,提升科学素养,不断提高解决问题的综合能力。

以讲解"相关系数与Copula函数"为例。首先,进行理论知识点的讲解,提供软件操作主要代码。其次,布置规范作业和实践作业。前者旨在巩固理论知识点,在给定模型和参数的条件下进行相关系数的求解;后者则旨在培养学生的实践操作和解决问题的综合能力,如选取某一时段我国上证综合指数和其他股票指数,要求学生使用不同的Copula函数进行实践操作和结果分析,作业完成后,由两位学生进行课堂演示。最后,选取包含相关系数与Copula函数的文献,再由一位学生进行文献推介。通过这些方式,课程的学习氛围浓厚,学生不仅能较好掌握理论知识,而且能够深入了解我国金融领域中的风险管理实践,学习成效明显。

课堂教学与小组汇报

## 九、课程名称：计量经济学

### 1. 核心内容

"计量经济学"作为经济管理专业的核心课程，以揭示经济活动中客观存在的数量关系为主要内容，是由经济理论、统计学和数学三者结合而成的交叉学科，不仅强调严谨的数学证明与推导，还注重运用现代计量方法研究经济数学模型实用化与探索实证经济规律。本课程通过建立经济理论与实际问题之间的桥梁，在解决问题的过程中创造性地提出新的思路，帮助学生不断学习新技能，提高实践能力。本课程旨在通过行之有效的思政教育，培养学生正确的人生观、价值观与世界观，在潜移默化中推动学生的良性发展，以期使课程思政润物无声的效果得以体现，推动教学质量稳步提升。

### 2. 课程团队

负责本课程建设的团队骨干有程胜、李忠武、唐鹏程。

### 3. 主要特色

（1）将马克思主义方法论融入计量方法的理论和实践教学中。依据课程思政的德育目标和课程教学内容的学习目标，融入马克思主义方法论，如辩证方法论、矛盾方法论等基本原理，讲授"计量经济学"课程的基本理论知识、前沿观点及实践应用知识。其次，在教学中融入与专业方向紧密结合的案例，帮助学生理解计量建模思想及实现过程,运用归纳演绎法、唯物辩证法、矛盾方法论、实践方法论等哲学方法实现模型设定、估计、检验和应用。

(2)利用混合式教学与课堂内外延展教学方式,实施思政教学。首先,通过课堂教学的导入及课后文献阅读方式,开阔学生的国际、国内、区域研究视野。其次,科研学习小组结合专业属性和学生兴趣选择研究选题,依据线上平台布置的阶段性学习内容完成既定任务,包括文献阅读和汇报、数据收集、计量经济建模、软件分析、研究报告撰写等模块任务,为参加学科竞赛、社会实践等科技创新活动奠定基础。

······ 精彩课堂 ······

教师结合授课内容中的合成控制法进行典型案例剖析。合成控制法有助于模拟生成反事实数据,从而检验香港回归对经济成长的因果效应。实证结果表明,香港回归显著提升了其经济发展水平,尤其是在《内地与香港关于建立更紧密经贸关系的安排》协议签署后,香港经济增速比其预估值高出4.03%,从而有效驳斥了"一国两制"对香港经济社会不利的说法。同时,在授课过程中重视理论联系实践,尤其是注重通过上机操作培养学生的实操能力。在数据搜集、数据处理、图表制作和结果解读的全流程操作中,让学生身临其境感悟中国经济腾飞的事实,深刻理解中国经济腾飞背后的制度优势,坚定中国制度、走好中国道路,激励同学们树立服务国家、服务人民的远大志向。

"计量经济学"上机教学

"计量经济学"课堂教学

## 十、课程名称：多元统计分析

### 1. 核心内容

多元统计分析是统计学的一个重要分支，旨在研究客观事物多个变量（或多个因素）之间相互关系的统计规律。随着电子计算机的普及和软件的发展，以及数据信息的成倍增长、信息储存技术的深入发展，多元统计分析方法已广泛应用于自然科学和社会科学的各个领域，是处理多维数据不可缺少的重要工具。

"多元统计分析"课程作为经济管理学院的核心主干必修课，是统计学专业学生必须掌握好的一门定量分析课程。本课程十分重视培养学生分析和解决实际问题的能力，并将实事求是的精神贯穿教学过程始终，为学生将来从事统计研究或数据分析工作打下坚实的基础。

思想政治教育工作是人才培养的首要工作，育才先育人，育人先育德，育德先育心。要实现立德树人的教育目标，必须筑牢高校思想阵地。"多元统计分析"课程是统计学的一门专业基础必修课，教师在教学中必须深入贯彻教育部印发的《高等学校课程思政建设指导纲要》，加强学生思想政治教育工作；强化问题意识、坚持问题导向，筑牢高校意识形态和思想政治阵地。

**2. 课程团队**

负责本课程建设的团队骨干有徐德义、李奇明、李忠武、王林珠、石跃勇。

**3. 主要特色**

(1)在"多元统计分析"的教学实践中坚持马克思主义的根本观点和方法论。实事求是,是马克思主义的根本观点,是中国共产党人认识世界、改造世界的根本要求,是我们党的基本思想方法、工作方法、领导方法。"多元统计分析"作为数据分析的核心主干必修基础课,在理论推导和软件实现的教学过程中,必须注重实践,坚持实事求是,在数据分析全过程(数据的收集整理、方法算法的设计、软件实现、结果呈现)中不掺杂任何虚假数据。在具体讲授过程中,应注重融入归纳演绎法、唯物辩证法、矛盾方法论、实践方法论等马克思主义方法论,提升学生的思维水平和辩证分析能力。

(2)培养文化自信,激发学术报国的家国情怀和使命担当。习近平总书记指出:"体现一个国家综合实力最核心的、最高层的,还是文化软实力,这事关一个民族精气神的凝聚。我们要坚持道路自信、理论自信、制度自信、文化自信,最根本的还有一个文化自信。"这告诉我们,要从文化自信的角度寻找精神力量,鼓足我们高校思想政治教育的底气。通过介绍中国学者在多元统计的发展演进过程中所做的贡献与所取得的研究进展,如许宝禄、陈希孺、张尧庭、王元、方开泰、吴启光、徐兴忠、王松桂、陈家鼎、茆诗松、王学仁、安鸿志、赵林城、陈桂景、王金德、吴喜之、韦博成和李国英等学者的研究成果,培养学生高度的文化自信和科学创新精神。通过理论讲解和案例探讨,引导学生面向经济社会发展需要进行知识积累和学术选题,激发学生学术报国的家国情怀和使命担当。

······ 精彩课堂 ······

在"多元统计分析"的授课过程中,思想上要牢固树立大局意识,坚守思想政治意识形态阵地;方法上要依托 R 语言和 Python 等开源计算机软件,辅以 LaTeX 和 R Markdown 等工具,精心组织课堂内容,将思政元素与教学内容有机融合,通过对聚类分析、判别分析、主成分分析、因子分析、对应分析、典型相关分析等方法的介绍和应用,引导学生深刻理解中国经济腾飞背后的制度优势,树立正确的价值导向,踏实工作,勤勉奉献,进而坚定报效国家、服务人民的远大理想。

聚类分析是"多元统计分析"的重要内容,系统聚类法是聚类分析的基本方法。考察何晓群所著的《多元统计分析(第二版)》中的例 3-4 的数据,该数据反映了某年我国 5 个省份城镇居民消费支出,如下表所示。

**某年我国 5 个省份城镇居民消费支出表**　　　　　　　　单位:元/人

| 省份 | $x_1$ | $x_2$ | $x_3$ | $x_4$ | $x_5$ | $x_6$ | $x_7$ | $x_8$ |
| --- | --- | --- | --- | --- | --- | --- | --- | --- |
| 辽宁 | 1 772.14 | 568.25 | 298.66 | 352.20 | 307.21 | 490.83 | 364.28 | 202.50 |
| 浙江 | 2 752.25 | 569.95 | 662.31 | 541.06 | 623.05 | 917.23 | 599.98 | 354.39 |
| 河南 | 1 386.76 | 460.99 | 312.97 | 280.78 | 246.24 | 407.26 | 547.19 | 188.52 |
| 甘肃 | 1 552.77 | 517.16 | 402.03 | 272.44 | 265.29 | 563.10 | 302.27 | 251.41 |
| 青海 | 1 711.03 | 458.57 | 334.91 | 307.24 | 297.72 | 495.34 | 274.48 | 306.45 |

注:$x_1$ 代表食品支出(元/人);$x_2$ 代表衣着支出(元/人);$x_3$ 代表家庭设备、用品及服务支出(元/人);$x_4$ 代表医疗保健支出(元/人);$x_5$ 代表交通和通信支出(元/人);$x_6$ 代表娱乐、教育和文化服务支出(元/人);$x_7$ 代表居住支出(元/人);$x_8$ 代表杂项商品和服务支出(元/人)。

通过系统聚类,如最短距离法,可以基于变量 $x_1 \sim x_8$ 把 5 个省份分为 3 类:沿海发达省份(浙江)、中部省份(河南)和边疆省份(甘肃、辽宁和青海),如下图所示。

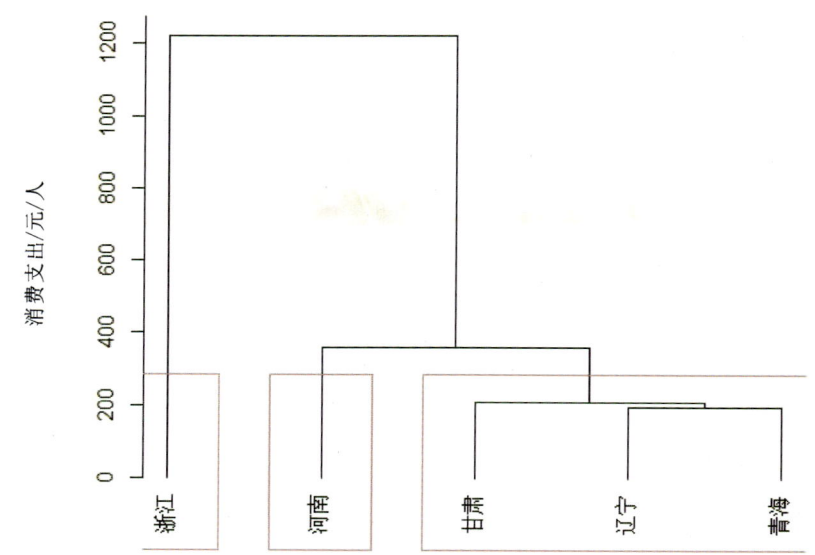

基于城镇居民消费支出的 5 个省份分类结果

我们知道,改革开放是党和国家的基本政策,是利国利民的大好方针。通过上述数据分类结果,学生们可以比较直观地理解改革开放对沿海省份(如浙江省)的经济拉动效应,同时能够积极展望"先富带动后富,最终达到共同富裕"的美好前景,从而坚定同学们一心向党、全民团结的拳拳决心,激励同学们共同为实现中华民族伟大复兴而努力奋斗!

"多元统计分析"课堂教学（一）

"多元统计分析"课堂教学(二)

# 第五章
# 金融与贸易系课程思政

## 第一节 金融与贸易系课程思政建设特色

当前,面对世界百年未有之大变局,中国坚持以构建人类命运共同体为价值追求,以维护经济全球化为重要使命,以推进"一带一路"为主要载体,以深化自身改革开放为基础,由此形成新型开放大国的开放观、发展观和全球观。为此,国际经济与贸易专业课程教学不仅要重视传授学生专业知识和技能,更加要重视培育学生良好的职业道德、健全的人格品质、正确的价值取向。

国际经济与贸易专业课程思政的特色主要体现在:坚持把立德树人理念贯通学科体系、教学体系、教材体系、管理体系,立足国际经济与专业特色,通过讲好新时代中国经济发展故事,进一步改进和加强专业思想政治工作,强化专业育人作用,培育学生经世济民的职业素养。

## 第二节 金融与贸易系课程思政建设阶段性成果

### 一、"党建+课程思政"工作体系逐步完善

金融与贸易系将课程思政建设作为加强党支部政治建设的重要内容和载体。首先,搭建了推进课程思政建设的多元平台。组织开展了与国有涉外企业的党建结对活动,赴国际经济与贸易专业课程思政建设成效显著的高校学院学习,进一步促进对内对外交流。其次,强化了党支部对课程的思想价值引领功能的把关作用。将课程思政列入党支部组织生活的重要主题,将党支部"三会一课"与专业教研活动相结合,围绕国际经济与贸易专业教学目标,落细、落小专业知识和技能点,找准当下国际贸易相关热点、鲜活案例中的思政元素。最后,组织专业课教师走出课堂,接受红色实践教育。通过近距离体验与感悟红色文化,接受党的教育,净化自身思想,提升教师思想觉悟。

## 二、强化在培养计划制订和日常教学环节中落实课程思政的工作要求

首先,强化在培养计划制订中落实课程思政的工作要求。在培养计划制订过程中明确国际经济与贸易专业人才培养的知识目标、能力目标和素质目标,明确要求任课教师将课程思政内涵和教学目标有效融入教学大纲。其次,强化在日常教学环节中落实课程思政的工作要求。鼓励教师在教材选取、集体备课、课堂教学、讲授知识、课后辅导等日常教学环节中落实课程思政的各项要求。最后,深入挖掘课程思政育人元素。结合新时代中国开放发展的伟大历程、现状成效、经验案例等,充分挖掘和充实国际经济与贸易专业蕴含的丰富思想政治教育元素。例如,将国际商务谈判礼仪素养、外贸单证制作的工匠精神、进出口报关与报检守法意识、出口退税诚实守信观念、国际经济与贸易繁重工作的耐挫能力、国际经济和政治格局视野等有机融入专业建设内容、方法和载体中,构建"思政微要点、专业微知识点、案例微分享"的三"微"统合育人框架。

## 三、教学资源选用、课题教学秩序管理和教师教育教学能力建设成效明显

首先,教学资源选用更加合理。选用紧扣时代发展、体现社会主义核心价值观的合格教材,确保课程思政的内容引领。教师能够做到优先选择"马工程教材"名单中与国际经济与贸易专业相关的教材。其次,课堂教学秩序管理更加规范。建立了本专业教师之间常态化相互听课机制,规范教师课堂教学活动,加强教师对学生的学业指导,立足课堂教书育人,弘扬正能量。再次,教师教育教学能力不断提高。通过自主开展课程思政相关培训,如以邀请武汉大学等高校的马克思主义学院思政教师与本专业教师结对等方式,进一步提升了教师自身思想政治素质和教书育人能力,确保每一名教师都能发挥好育人作用。最后,做到点上有特色。重点建设了"宏观经济学""国际金融"和认知实习课程思政优秀示范课堂,逐步形成品牌效应。

## 第三节　金融与贸易系课程思政示范课

### 一、课程名称：宏观经济学

**1. 核心内容**

"宏观经济学"是中国地质大学（武汉）经济类专业本科生必修课程。本课程以整个国民经济为考察对象，研究经济中各有关总量的决定及其变动，以解决失业、通货膨胀、经济波动、国际收支等问题，实现长期稳定的经济增长与发展。本课程基于长期经济增长、短期经济波动和开放经济三大传统板块，融入中国经济相关案例，以讲好中国经济3个故事——有关增长的"中国奇迹"故事、应对冲击的中国经济强韧性故事、开放经济下的"一带一路"故事为核心内容，理论联系现实，让课堂成为增强"四个意识"、坚定"四个自信"、做到"两个维护"的前沿阵地、"培养新经管人才"的清渠沃田。

**2. 课程团队**

负责本课程建设的团队骨干有李金滟、肖建忠、李少杰、白永亮、易明、吴磊、洪水峰、张弛。

**3. 主要特色**

（1）明确教学立场，有效衔接教材，实时更新案例。作为双语课程，本课程以"马工程教材"为纲，以西方原版经典教材为器，以新时代背景下中国经济景观为基，保证教学立场的鲜明性和教案的时效性。

（2）坚持过程管理，改变评价方式，激发学生动力。考勤、发言、笔记、课堂展示、平时作业、期末考试都有得分点；教师对每一次的作业都进行批改、记录、分析和点评；评选最美笔记和最美作业，激发学生的荣誉感，再通过示范效应，带动学习氛围。

（3）开设翻转课堂，推动学习版块逐层递进，培养学生综合能力。利用"时事掠影"思政小讲堂培养学生关注、搜集、处理复杂多变信息的能力；利用"宏观经济学"思政小讲堂培养学生分析、思辨热点事件背后机理的能力。思政小讲堂旨在引领学生聚焦国家重大战略需求，创新视角、理论和方法，探索中国宏观经济发展重大现实问题。学生在从故事聆听者到讲述者的转型过程中，也坚定了中国特色社会主义道路自信、理论自信、制度自信、文化自信。

······ 精彩课堂 ······

国家大政我先知

"时事掠影"与"宏观经济学"思政小讲堂

合作学习无处不在

课程组老师集体指导

学院"四维"课堂党史学习教育风采展活动

## 二、课程名称：微观经济学

### 1. 核心内容

由于语言鸿沟的客观存在，专业课程双语教学项目植入思政教育更具有挑战性。在双语课程"微观经济学 A"的教学过程中，采纳教育部确定的"马工程汉语教材"是规定动作，但是双语课程要求的英文原版书以及英文 PPT 课件等也是不可缺少的。在自选项目方面，各个版本的微观经济学原版书的内容都主要是以发达工业国家经济为分析对象，如何平衡全英文原版书和本土化案例，在源于西方、相对完整的微观经济学体系中恰如其分融入马克思主义基本命题与观点，引导学生取其精华、去其糟粕是开展课程思政的主要目标。具体而言，本课程思政教学包括3 个核心内容。

（1）正人先正己。课程思政的前提是授课教师本身要坚定"四个自信"，牢固树立"四个意识"，坚决做到"两个维护"。同时，须改变以往重知识传授与能力培养，轻价值引领的做法，做到"经师""人师"并重。

（2）课程思政是一个系统工作，要以中共中央、国务院印发的《关于加强和改进新形势下高校思想政治工作的意见》、中共教育部党组发布的《高校思想政治工作质量提升工程实施纲要》、中国地质大学（武汉）实施的《中国地质大学（武汉）思政50条》等文件精神为指引，紧紧围绕社会主义办学方向，以立德树人为根本任务，从课程教学大纲设计、教学内容安排、教学案例收集整理、教学方法创新等方面全面开展思政优化工作。

（3）教学效果反馈与评价是持续改善教学效果的必要手段。对经过思政优化的课程教学体系是否达到了课程思政的目的，案例效果如何，学生对价值观引领的方式方法有何建议等问题，都需要进行调查和总结。

**2. 课程团队**

负责本课程建设的团队骨干有易杏花、肖建忠、刘江宜。

**3. 主要特色**

本课程主要有以下4个方面的特色。

（1）教学大纲重构。教学大纲是课程思政的顶层设计，根据课程思政要求，本课程对教学目标与思路、教学内容与方法、教学考核与评估等主要构成部分进行了重构。首先，在教学目标中明确课程思政目标，以此为基础确立具备知识传授、能力培养、价值引领3项功能的课程内容体系。其次，根据课程思政目标设计相应教学环节，并在每章的重难点中增加市场机制有限性、习近平新时代中国特色社会主义思想以及价值与剩余价值等与政治经济学相关的思辨性问题。最后，在必做作业与奖励型作业设置、小组讨论、课堂展示等学习任务中融入课程思政元素，并在总评成绩中体现，增强学生的中国特色社会主义道路自信、理论自信、制度自信、文化自信，激励学生立志肩负起民族复兴的时代重任。

（2）教学内容更新。首先，全面推行英文原版书融入"马工程教材"，在每一章的摘要部分增加相关内容的辨析，引导学生正确对待微观经济学中的经典理论与模型，避免全盘照搬和僵化思维。同时，在教学内容中适时引入马克思主义经典理论和习近平新时代中国特色社会主义思想中国化的最新理论成果，将引入的内容与西方经济学相关观点进行对照分析。其次，完善授课案例库，增加更多与课程思政有关的案例，基本上形成每个重要知识点配一个案例。例如，在讲解正外部性问题时，弘扬中华民族传统美德仁、义、礼、智、信；在讲解负外部性问题时，适时开展生态文明教育，把"绿水青山就是金山银山"的重要发展理念和习近平总书记关于生态文明的重要论述与授课内容有机融合，引导学生树立崇尚与尊重自然的发展理念，增强学生投身美丽地球、生态文明建设的责任感、使命感。最后，授课时贯通爱国、爱校、爱院、爱家、爱己元素。因课程时间跨度涉及整个学期，中间有清明节、端午节等中国传统节假日，所以教师可以利用小长假布置相关奖励任务，鼓励学生了解中华优秀传统文化，把爱国主义、民族情怀渗透到课程教学始终。在第一次上课时讲解"经济"一词的含义时,可引入"宽信敏公、经国济民"院训,教导学生用"艰苦朴素、求真务实"的校训精神武装自己,努力做到爱党、爱国,积极向上,修身齐家,胸怀天下,将个人抱负的实现与中华民族伟大复兴统一起来。

（3）教学方法创新。在课程思政实践中,充分尊重课程规律,注重思政内容与所授课内容的契合度,并在融入方法上进行创新。首先,坚持案例式教学方法。案例法与现实情况联系紧密,能有效调动学生积极性,增强课堂互动,在润物无声中实现课程思政目标,因而成为主要教学方法。尽管课程教学烂熟于心,但是,每次开课前教师都会花大量时间精选案例,设计切入案例的最佳时机,同时为引导学生思辨而抛出合理问题。其次,鉴于本课程为双语教学课程,一方面要根据课程内容的相关性,在中文授课部分增加中国古代诗歌与谚语,以对应相关英语版本的专业术语。例如,"opportunity cost"对应"鱼和熊掌不可兼得","do not do to others what you do not want others to do to you"对应"己所不欲,勿施于人"等。另一方面,基于学生对英语学习的需要,将命运共同体、长征、中国特色社会主义等概念的英文表达方式传授给学生,寓教于乐。最后,充分利用现代化教学手段和互联网技术,创建"微观经济学 A"班级学习交流群,通过该群发布各类学习资料,分享与课程内容相关的大政方针、路线策略、改革发展伟大成就、经济工作会议等内容,让学生了解中国特色社会主义经济建设进展与成就,弘扬以爱国主义为核心的民族精神和以改革创新为核心的时代精神。同时,开展小组辩论和翻转课堂实验,培养学生学习的主观能动性,引导学生将所学理论与中国经济实践相结合,培养学生发现问题、分析问题、解决问题的能力。

（4）教学效果反馈与评价。对课程思政效果、课程思政与原本知识体系结合度等内容,都需要进行评价,然后进一步优化。首先,经常与教学督导、巡查员等专家积极沟通,搜集改进建议。其次,从内容安排、案例、教学方法和课业考评等维度,对课程思政的受众进行调查研究。

·······精彩课堂·······

作为经国济民的学科,将微观经济学理论运用到现实经济现象的理解和预测中是非常重要的。本课程利用上述课程思政教育创新,引导学生成为自己课堂的主人,在思辨的过程中了解中国特色社会主义制度的优越性,加深理解习近平新时代中国特色社会主义思想兼顾公平与效率、长期与短期、全局与局部的科学性,切身体会社会主义制度对人民群众的人文关怀。

利用政府消费券案例分析"政策对消费动机的激励效应"

学生分享"推动城乡发展一体化"成果

在翻转课堂中讨论"国际贸易限制政策的福利效果"

辩论对垒：什么样的拥堵治理模式适合中国国情？

## 三、课程名称：国际经济与贸易专业认知实习

### 1. 核心内容

"专业认知实习"是国际经济与贸易专业本科生必修的核心课程，是实践性教学的重要环节。本课程通过带领学生进行企业和相关机构的实地参观与考察，促使学生接触社会经济、拓宽视野，具体而深入地认识经济运行全局和微观主体在其中所起作用，巩固和加深对课堂所学基本知识的认识，帮助学生对经济活动过程形成具象化认识，使理论与实践紧密结合。学生实习内容分为六大板块：责任担当——国企与社会经济进步；纾困强基——金融业与小微企业；艰苦奋斗——资源产业的发展；时代潮流——跨境电商行业的兴起；赢得未来——科技创新企业的追求；实现小康——新农村发展之路。

### 2. 课程团队

负责本课程建设的团队骨干有吴磊、邓宏兵、易明、白永亮、洪水峰、倪琳、李金滟、王彦闻。

### 3. 主要特色

(1) 紧扣时代主题，引导学生全方位深层次认识中国经济发展规律及其内在特征。在实习内容上，紧紧围绕中国特色社会主义经济制度的伟大实践与伟大成就，走进热门与新兴行业，直面社会经济领域热点问题，回应学生的关切，提升学生的直接认识。

（2）突出专业特色，注重对微观经济主体的认知。通过深入参观企业经营管理的全过程，引导学生深刻认识经济运行的内在规律，以及技术创新、战略决策、规范管理以及社会责任在企业运营中的作用，在此过程中帮助学生感受中国特色社会主义经济的生命力。

（3）创新实践性教学模式。将现场参观、专家交流、主题报告、分组讨论等多种学习形式有机结合，增强现场互动交流，引导学生积极思考，提高学生的专业理论水平和实践能力，帮助学生重构创新思维方式和正确的价值观。

……  精彩课堂  ……

赴科技型跨境电商企业学习

听取非银行金融机构报告

下矿井开展实践学习

在实践活动现场开展党团活动

深入了解新农村发展历程

赴武汉海关开展实习实践活动

## 四、课程名称：国际金融

### 1. 核心内容

时代的变迁和经济领域的发展为马克思主义话语在全球"复活"提供了新的理论空间，也使得该理论承担着与社会实践更好耦合的重大使命任务。"国际金融"是国际经济与贸易专业的主干课程。课程教师不仅关注学生的理论知识掌握程度，还应注重将价值引领贯穿教学全过程，在注重知识传授的同时，充分挖掘课程的德育元素，注重培养学生的道德品质、文化素养，实现知识传授、能力培养和价值引领有机统一。本课程结合教学实践，分析了课程思政推进的困境，有针对性地在教学内容的优化、教学方法的运用以及保障措施方面提出了对策建议，以助推"三全育人"体系的落细落实，形成专业课教学与思政课教学紧密结合、同向同行的育人格局。

### 2. 课程团队

负责本课程建设的团队骨干有倪琳、邓宏兵、易杏花、胡怀敏。

### 3. 主要特色

本课程依托学校的教学研究项目，结合课程思政目标，运用"线上+线下"相融合的教学形式，形成"研究报告+教改方案+教学研究论文"三位一体的研究成果，提供了实现"课程承载思政，思政寓于课程"的相融相合的途径，介绍了"国际金融"课程思政的改革实践。本课程将课程思政内容贯穿教学全过程，通过教学内容的优化设计，注重将思想价值引领贯穿于教学计划、章节设置等主要教学环节中，恰当地确定了思政研究专题、教学要求、重要文献信息、教学要引入的思政元素、教学重点、实施的教学方法与手段等内容之间的匹配关系,在知识传授和能力培养中强调了价值观的同频共振,突出显性教育与隐性教育相融通,对引导学生形成主动探究中国历史的发展背景、国际金融的风云变幻、国际金融制度与政策创新等问题的良好习惯有积极意义。本课程的设置特色有助于完善学校国际经贸人才培养体系,提升专业课教师的育德意识和育德能力,建立课程思政的育人长效机制。

…… 精彩课堂 ……

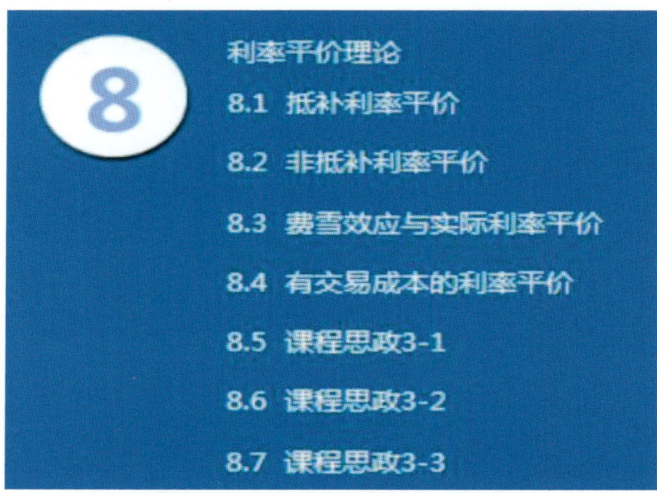

超星平台的线上教学安排

学生读书分享现场

## 国际金融某专题课程思政教学方案设计表

| 研究专题 | 教学内容 | 备注 |
| --- | --- | --- |
| 上海国际金融中心的主题研究 | 教师课程思政：<br>1.金融服务实体经济论——基于马克思主义虚拟资本理论视域<br>2.论马克思金融理论与当前我国金融市场规范发展<br>3.马克思理论体系中的国际资本流动思想解析 | 1.教学手段：文献阅读、课堂讨论。<br>2.参与形式：<br>083181班12位同学选讲、083191班21位同学全参与。<br>3.教学要求：<br>(1)PPT或者Word内容：观点明确,重点突出,结构合理,条理清晰。<br>(2)展示技巧：吐字清晰,表达清楚,介绍流畅自然,具有较强的表现力和感染力 |
| | 学生书籍与论文分享<br>书名：《上海国际金融中心形成路径研究：兼析金融中心的城市特征及城市纷争》<br>作者：张宏鸣<br>若干2020年以来被学校认定为T5级别(CSSCI①,北大核心)的期刊论文 | |

## 五、课程名称：跨国公司管理

### 1. 核心内容

"跨国公司管理"课程内容主要包括跨国公司的产生与发展、跨国公司对外直接投资理论、跨国公司经营环境与经营机会评估、国际市场进入模式、全球化战略管理、跨国运营管理、跨国人力资源管理、跨文化管理、国际商法、跨国财务金融管理等重要的基本概念、基本理论和方法。本课程旨在帮助学生构建跨国公司经营与管理的知识系统,着重培养学生运用所学理论知识,分析和阐释当今跨国公司管理中出现的各种问题的能力,使学生能够进行跨国公司管理的国际比较,从而加深对全球化环境下企业跨国经营管理的理解。

### 2. 课程团队

负责本课程建设的团队骨干有高丽、吴磊、洪水峰、光峰涛、王彦闻。

### 3. 主要特色

(1)创新课堂形式。营造良好的教学情景,提高学生学习兴趣、积极性、求知欲和创造力。教师转换角色,走出演讲者的角色,成为学生学习的组织者、激励者、引

---

① CSSCI:英文全称为Chinese Social Sciences Citation Index,中文名为中文社会科学引文索引。

导者、协调者和合作者。教学过程是师生互动的过程,教师应鼓励学生积极参与教学活动。

（2）注重案例教学。将课程思政融入"跨国公司管理"教学全过程。通过对国际国内热点问题、典型事件和跨国公司管理案例的学习探索,引导学生关心国家发展、社会进步,激发学生的社会责任感,培养学生的爱国精神,强化学生的法律意识,帮助学生树立正确的世界观。

（3）注重变式和探索式教学。强化交流合作,培养学生合作意识,让学生在不同角度、不同层次、不同情境的变化中,多思考探索、交流合作,学会发现问题、提出问题、分析问题、解决问题。帮助学生树立集体主义观念和形成互帮互助的合作意识,使每个人都能为集体目标的实现尽心尽力。

······ 精彩课堂 ······

在教学过程中,教师将学生分成几个小组,模拟跨国公司的经营管理情境。小组内的交流与合作学习主要以跨国公司内部协同活动为中介实现,小组之间的交流与合作学习主要以跨国公司之间国际商务活动为中介实现。学生既要进行小组内部的公司事务讨论,也要重视小组之间的国际商务谈判等活动的开展。

课堂案例展示和讨论

# 第六章
## 管理科学与工程系课程思政

大思政课，是习近平总书记心中的一件大事。教育部已经将课程思政建设成效纳入"双一流"建设评价、本科教学评估、学科评估、专业认证、"双高计划"评价、教学成果奖评审等评价考核中。近年来，管理科学与工程系的课程思政建设形成了明显特色，取得了显著成效。

## 第一节 管理科学与工程系课程思政建设特色

（1）党建引领上好思政课，铸魂育人当好引路人。第一，加强理论学习。通过开展支部主题党日活动、"三会一课"、教师集体学习以及个人自学等学习形式，组织师生认真学习中共中央各项文件精神，从思想根源上引导教师转变思想观念。第二，构建"党建＋专业课程思政"模式。以教师党支部为抓手，通过"党建＋专业课程思政"模式，积极引导任课教师将党史学习教育与课程思政建设相融合，全面落实立德树人根本任务和三全育人体系，持续稳步推进课程思政建设。第三，实践研学。组织教师到黄冈麻城烈士陵园、辛亥革命纪念馆、中山舰博物馆等红色教育基地参观学习，重温革命岁月，接受革命思想洗礼。

（2）充分挖掘课程思政元素，无声育人。第一，结合专业特点，挖掘课程思政元素。深挖"工程项目管理""信息系统分析与设计"等课程中蕴含的思想政治教育元素，发挥课程思政育人功能。第二，在教学方法上，注重将社会热点、政策文件与课程思政教学结合起来，依据学生对不同热点的兴趣建立学习小组，构建交互式兴趣激发与强化系统。第三，充分挖掘学校名师（最美教师殷鸿福）、校友故事（全国向上向善好青年翁新强的求学故事）、校园文化建设（艰苦朴素，求真务实）中的思政元素，使学生能够在春风化雨、润物无声之中树立社会主义核心价值观。

（3）实现全过程管理，思政有成效。优先选择管理科学与工程专业"马工程教材"，要求每位教师提前根据专业课程教学特点，在教学日历中填写课程思政元素；全面实施"班主任＋学务指导"教育模式，在新生入学时就开展专业引导和学习规划教育，实现专业学习与政治素养提升的无缝对接；通过开展课程思政经验交流活动，组织相关培训，进一步提升教师自身思想政治素质。同时，管理科学与工程系思政教学团队以课程思政项目为依托，推广示范课程思政成果，在"专业有特点、团队有魅力、课程有示范"方面进行深入探索，为学校课程思政建设积累更多可推广、可复制的建设经验，发挥成果示范引领作用。

## 第二节 管理科学与工程系课程思政建设阶段性成果

(1)科研实力强,科教融合优势明显。在科研项目方面,2017年以来管理科学与工程系先后承担了国家社会科学基金、自然科学基金项目15项(其中国家社会科学基金重大项目1项、国家基金委优秀青年科学基金1项、国家基金委国际合作科学基金1项);近年来发表论文140余篇,其中60余篇被SCI、SSCI收录。以科研项目为依托,积极指导本科生开展科研实践活动,提高学生的科研素养和科研能力;35%的教师结合科研课题积极参加学院开展的"学术领航"工程,每年多名学生获得多项国家级、省级学术大赛奖项。

(2)思政引领,教学工作成效显著。一是教学研究成果明显。近年来,管理科学与工程系承担教育部、省级教学研究项目3项,学校本科教学工程项目7项(其中包括3项课程教改项目)。目前2个专业分别获评国家级和省级一流专业。二是坚持课堂讲授和课外实践相结合,建立了覆盖IT、工程等行业的产学研基地群。三是教学工作取得较好成绩。2位教师获得"朱训青年教师教育奖励基金",多门课程先后被评为学院"最受学生欢迎的课程"。

(3)贡献专业智慧,积极建言献策。积极为国内外重大社会问题提供专业咨询及技术服务。一是支部党员帅传敏的扶贫课题研究成果获国家领导人批示,扩大了该学科和学校的社会影响力。二是支部党员郭海湘、朱镇等老师发挥专业特长,在新冠肺炎疫情期间,为政府抗击疫情积极建言献策。1份建议获湖北省委省政府领导批示,4份建议获武汉市市长批示,2份建议被新华社政务智库报告选用。

## 第三节 管理科学与工程系课程思政示范课

### 一、课程名称:管理研究方法

**1. 核心内容**

"管理研究方法"是我校管理科学与工程和工商管理两个学术型硕士专业的学

位必修课，每年上课学生人数接近 100 人。该课程讲授管理研究工作过程的规范和结构，阐述管理学科研究工作的基本原则、途径和程序，在总结前人经验的基础上，提出有效的研究工作规范。本课程深入挖掘《管理研究方法》思政教育理论资源，推进课程思政教育教学方法改革创新，健全课程考核评价机制，实现"调整教学内容、创新教学方法、完善评价机制"三位一体的研究生专业课程思政教育建设目标。同时，激发学生学习动力，以隐性教育的方法，引导学生树立正确的价值观，增强民族自豪感，将所学知识转化为自己的自觉行动与综合能力，实现习近平总书记在全国高校思想政治工作会议上强调的"全程育人、全方位育人"。

**2. 课程团队**

负责本课程建设的团队骨干有柯小玲、孙涵、丁丽萍、黄娟。

**3. 主要特色**

（1）调整教学内容，注重"术道结合"。调整"管理研究方法"的教学内容是实现思政教育融入专业课程的基本路径。从学生求知需求出发，遵循教学规律，立足人才培养目标和学科优势，将中国特色社会主义核心价值观、共产主义理想信念、团结和奋斗的民族精神以及社会公德、职业道德等德育内容融入专业课程教学中，系统设计课程的教学内容，根据每个章节的不同教学内容设计课程思政的融入点，使课堂教学成为思政教育的有效载体。

（2）创新教学方法，注重理论联系实际。"管理研究方法"课程团队创新教学方法，让"课堂内"和"课堂外"双管齐下，将思政元素注入课程中。在课堂内，重视提升课堂话语传播的有效性，采用案例分析、专题式教学、微课堂教学、课堂讨论辩论、QQ 课程群互动等多种教学方法，激励学生积极动脑思考问题，避免学生成为"沉默的大多数"，为学生创造更多的课堂发言机会，在潜移默化中培育社会主义核心价值观。在课堂外，引导学生关注社会热点和国家重大需求，运用管理研究方法分析社会和经济体系中的现实问题，通过小的研究切入点教授学生分析问题与解决问题的方法。

...... 精彩课堂 ......

"管理研究方法"课程团队将案例巧妙引入课堂，将思政元素与专业知识深度融合；强调学术规范，提醒学生们应该杜绝学术不端行为；引导学生关注社会热点问题，鼓励学生把论文写在祖国大地上；充分调动学生学习自主性，鼓励学生积极发言和汇报。

课程团队巧妙引入案例,将思政元素与专业知识深度融合(一)

课程团队巧妙引入案例,将思政元素与专业知识深度融合(二)

 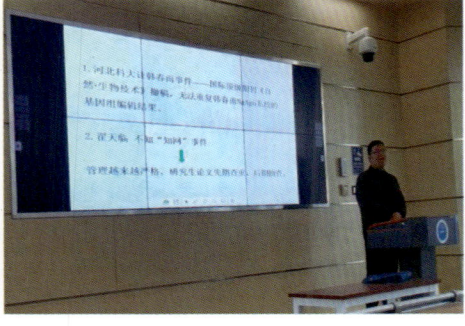

课程团队强调学术规范

课程团队引导学生关注社会热点

课程团队充分调动学生学习自主性

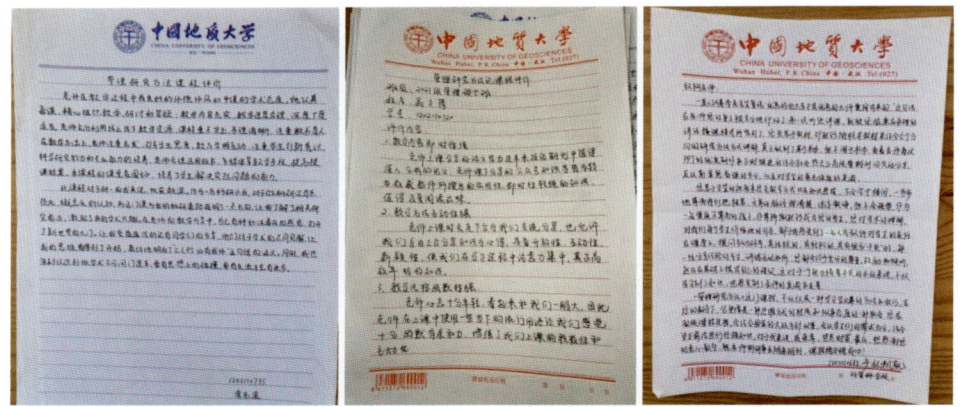

"管理研究方法"课程得到了学生的良好评价

## 二、课程名称：房地产经济学

### 1. 核心内容

"房地产经济学"是我校工程管理专业主干课之一。它是研究房地产行业这一特定领域内特殊矛盾的经济关系、运行规律以及房地产资源的利用与配置等问题的学科，也是经济学的一个重要分支。教师在课程中融入思政教育，打破思政学科和专业学科之间的藩篱，拓展房地产类专业课程的思政内涵，挖掘"房地产经济学"课程自身的特色和优势，提炼"房地产经济学"专业课程中蕴含的文化基因和价值范式，将它们转化为具体化、生动化思政教育的有效教学载体；在知识教授过程中潜移默化地融入理想信念教育，引导学生传承红色基因，坚定对中国特色社会主义的道路自信、理论自信、制度自信和文化自信。

**2. 课程团队**

负责本课程建设的团队骨干有柯小玲、孙涵、付晓灵、冯忠磊、黄娟。

**3. 主要特色**

（1）创新教学方法，注重理论联系实际。以"房地产经济学"课堂教学内容为基础，以"走进农村""走进企业""走进市场"为主题设计学生自学题目，将课堂教学向"我国土地制度改革""房地产百强企业研究""我国房地产市场宏观调控"3个特色专题拓展，引导学生走进社会大课堂，用自己的眼睛去观察问题，用自己的头脑去思考问题，用房地产经济学专业术语阐述思政教育心得体会。

（2）改革考核评价方式，提升课程思政教育成效。"房地产经济学"将学生学习效果考核评价从单一的专业维度，向人文素质、社会责任感、团队协作力等多维度延伸，建立能体现学生专业水平和思政素养的评价体系，该体系由过程性评价和总结性评价构成。其中，过程性评价包括课堂参与度、平时作业完成情况、3个专题的完成质量，目的是"以评促学"，激发学生的学习积极性和参与热情；总结性评价以课程结课论为主要考核手段，注重对论文撰写过程的指导，在课程前段指导学生选题，在课程中段随机检查学生论文的研究设计模块，在课程结束后分小组进行汇报并提交完整的课程研究论文。总结性评价的主要目的是评价学生的应用能力。

······ 精彩课堂 ······

"房地产经济学"课程团队引导学生关注"两会"，从"两会"报告解读房地产行业发展趋势；举办房地产法律法规知识抢答活动，活动现场气氛活跃；精心设计每一章教学内容，将思政教育融入专业课程教学过程；参与企业专题研究——房地产百强企业研究（全员参与、分工明确）；定期评选优秀笔记和作业。本课程深得学生喜爱，好评不断。

举办房地产法律法规知识抢答活动

引导学生关注"两会"

在精心设计中将思政教育融入专业课教学中

参与企业专题研究——房地产百强企业研究(全员参与、分工明确)(一)

参与企业专题研究——房地产百强企业研究（全员参与、分工明确）（二）

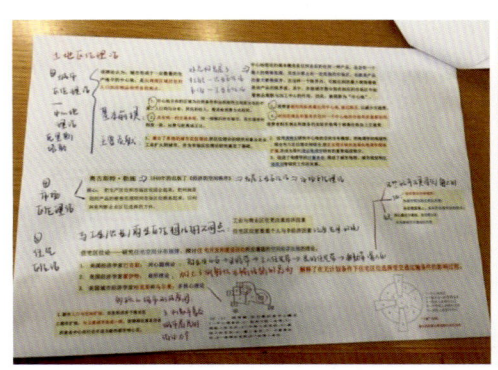
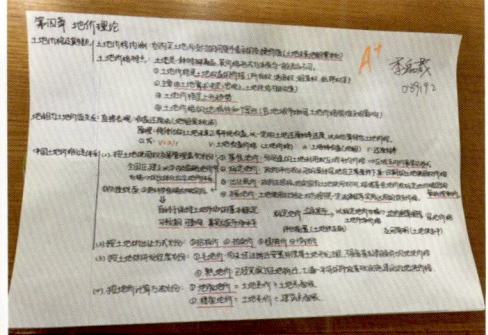

定期评选优秀笔记和作业（一）

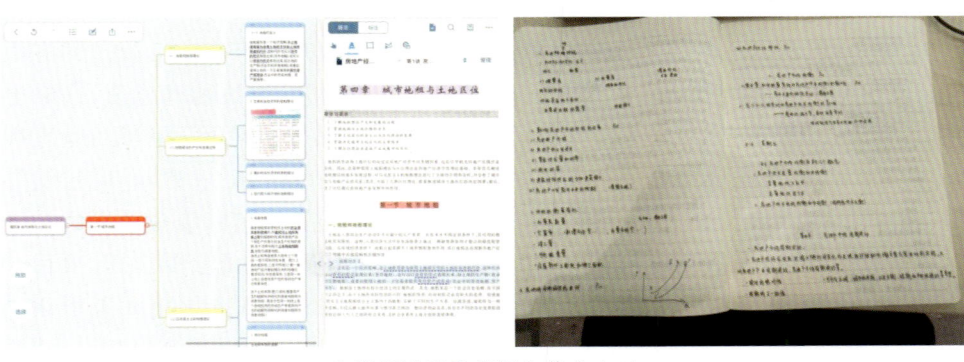

定期评选优秀笔记和作业（二）

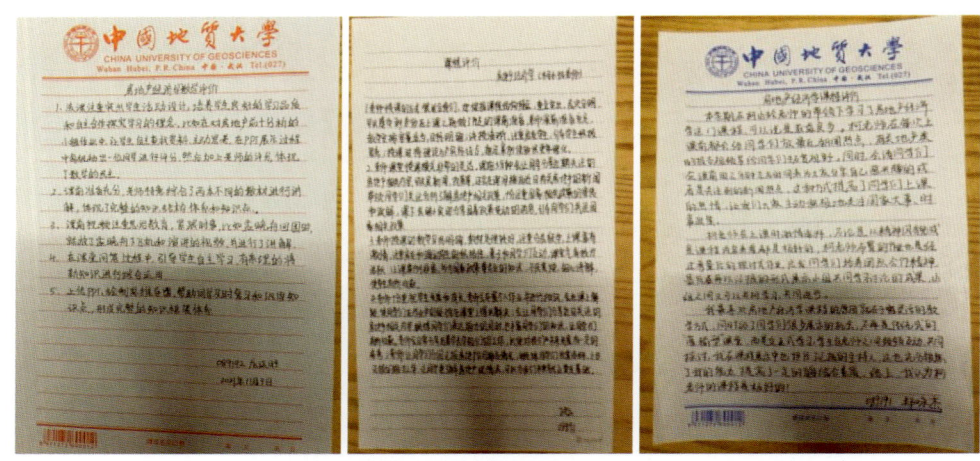

课程得到学生的好评

### 三、课程名称：项目管理

**1. 核心内容**

"项目管理"课程通过课堂教授和案例讨论，帮助学生掌握项目管理的基本知识和基本方法，为学生毕业后从事各类项目管理工作或者在未来深造读研过程中从事科研项目管理工作打下基础。本课程的教学目标：通过课堂教授和案例分析，使学生掌握项目管理的基本知识体系（十大知识领域），包括项目集成管理、项目范围管理、项目时间管理、项目成本管理、项目质量管理、项目（人力）资源管理、项目风险管理、项目沟通管理、项目采购管理和项目相关方管理；学习项目管理的五大过程，项目组织的类型和特点以及项目经理必须具备的知识、技能和素质，同时掌握项目管理常用的工具和方法。"项目管理"课程一方面帮助学生了解项目管理和工程管理专业及行业领域的国家战略、法律法规和相关政策；另一方面，通过引导学生深入社会实践，关注现实问题，了解我国重大工程建设项目，培育学生经世济民、诚信服务、德法兼修的职业素养。"项目管理"课程基于项目范围管理、项目时间管理、项目成本管理、项目质量管理四大核心知识领域，融入中国重大工程建设项目管理相关案例，将理论与实践紧密结合，具体做法：①将课程思政教育融入"项目管理"的课堂教学；②结合时政热点，激发学生学习兴趣；③注重实践育人，引导学生树立正确的世界观、人生观和价值观。

**2. 课程团队**

负责本课程建设的团队骨干有程欣、帅传敏、丁丽萍、宫培松、郭聖煜、何晨琛、孙涵、张牛美。

**3. 主要特色**

(1)将课程思政教育融入项目管理的课堂教学。在教学内容和教学设计中,将理想信念教育融入教学过程中,提高学生的综合素质。通过项目管理案例的选用、引用名言警句、结合新闻时事分析等方式将思政教育、立德树人教育目标融入日常课堂教学中,如通过原子弹研制、北京奥运会火炬接力珠峰传递、"天眼"选址、南京长江大桥建设、青藏铁路修建、探月工程实施、航母计划实施、核电站建设等,展示中国取得的辉煌成就,国家的日益富强,人民独立自主、协同创新的能力,敬业拼搏、无私奉献的精神,不断求索、精益求精的态度。

(2)结合时政热点,激发学生学习兴趣。例如前几年的最大热点"抗击新冠肺炎疫情"事件就是一个全国范围的、每个人都身处其中的典型项目。从这一事件中,挖掘整理出课程案例资料(如火神山、雷神山医院建设项目),并将该资料作为案例教学内容加以分析,有利于学生深刻领悟"集中力量办大事"的内涵,增强学生的民族责任感,培养学生的家国情怀、奉献精神。同时,通过课程学习传递绿色发展理念、生态文明建设与可持续发展理念,并将这些理念融入专业课程的教学过程中。

(3)注重实践育人,引导学生树立正确的世界观、人生观和价值观。始终把实践育人作为培养学生的一个重要环节。在课堂教学中,始终遵循党和国家的大政方针,将党的十八大以来习近平总书记精准脱贫、全面建成小康社会的宏伟业绩纳入教学过程中,增强学生的国家荣誉感和民族自豪感。如帅传敏教授率领团队在全国各贫困地区开展实地调研,与学生们分享参与调研的亲身感受,让学生深刻感受到贫困地区群众在党和政府的帮扶以及自身努力下逐步脱贫致富,深刻理解"幸福都是奋斗出来的"的真谛,进一步激发学生刻苦学习、深入开展科学研究的内生动力。

 ······ 精彩课堂 ······

在"项目管理"课程教学中,孙涵老师作为党支部书记积极组织大家开展课程思政经验分享;程欣老师将可持续发展理念、扶贫项目管理等融入课程,引导学生将管理思维、思政元素与专业知识融合,进行综合案例汇报,其课程教学工作得到了学生的喜爱和积极评价,程欣老师班上学生的笔记被评为"执笔'经'生,共迎七秩"优秀笔记征集活动中的最美笔记之一;郭圣煜老师在课堂上融入文化自信和绿色发展理念;宫培松老师将社会需求和最新前沿技术相融合,创新课堂教学方法;张牛美老师给师生讲解党史,学生积极参与,师生共学。课程学习和思政课堂无处不在,师生共赴辛亥革命博物馆实地研学,深切缅怀老一辈无产阶级革命家,重温他们的英雄事迹,接受深刻的爱国主义教育。

党支部书记孙涵老师组织大家开展课程思政经验分享活动

程欣老师将可持续发展理念、扶贫项目管理内容等融入课程

程欣老师引导学生将管理思维、思政元素与专业知识融合,进行综合案例汇报(一)

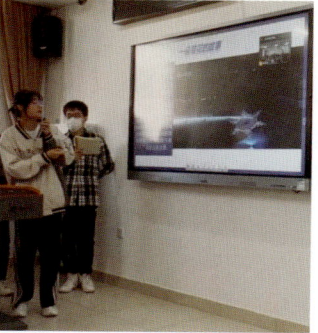

程欣老师引导学生将管理思维、思政元素与专业知识融合,进行综合案例汇报(二)

程欣老师的"项目管理"课程得到了学生的喜爱和积极评价

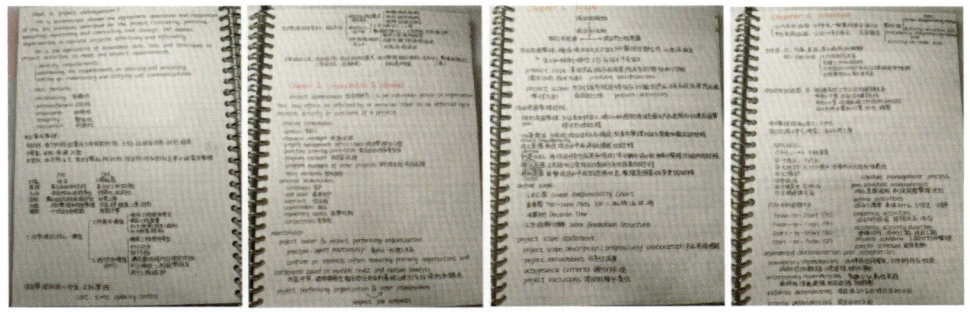

"执笔'经'生,共迎七秩"优秀笔记征集活动中的最美笔记

郭圣煜老师在课堂上融入文化自信和绿色发展理念

宫培松老师将社会需求和最新前沿技术融入课堂

张牛美老师给师生讲解党史,师生共学

师生共赴辛亥革命博物馆实地研学

### 四、课程名称:运筹学

**1. 核心内容**

"运筹学"是中国地质大学(武汉)管理科学与工程大类专业本科生必修课程。本课程要求学生掌握线性规划、整数规划、目标规划、动态规划、图与网络、对策论、库存论、决策论等的相关理论与方法,并能够结合计算机工具解决管理、经济和工程技术中的复杂决策问题。在实际教学中,本课程重点围绕我国在矿产资源管理、能源政策决策等领域的前沿问题,培养学生提出问题、分析问题和解决问题的能力,理论联系现实,让课堂成为培养"国民经济决策问题"应用能力的主战场,学习运筹学思维的主阵地,认识长江经济带、"一带一路"、节能环保、大国博弈等国家战略中运筹学思维的主窗口。

**2. 主要特色**

(1)以立德树人为导向,浸润文化信仰。结合教学内容,以弘扬中国文化、培养社会主义接班人为目标,在课程中引入田忌赛马、丁渭建宫等古代经典案例,民主决策、民主管理等中国特色管理决策,以及长江经济带、一带一路合作倡议等国家战略中蕴含的运筹学思想等,培养学生的爱国情怀,增强学生的民族自豪感。

(2)以国家重大事件为抓手,提升社会认知能力。结合灾难应急响应机制、新发展理念、共同富裕目标、碳达峰和碳中和即"双碳"目标等讲授科学知识,提升学生社会认知能力。

(3)以特色情景为依托,培养创新应用人才。依托"双一流"建设,形成了以资源环境为特色的优势学科,在资源环境领域积累了大量的管理决策案例。在课程教学过程中,学生应用运筹学相关理论方法来解决这些行业问题(如碳减排决策中的经济、社会、环境、贸易、外交等的目标之间的冲突与协调),从而提高学生的创新能力。

(4)以发现问题为契机,培养自主探索精神。在课程教学过程中让学生自主发现身边的经济管理决策问题并根据所掌握知识解决这些问题。例如,对于校园理发店中的排队问题,可以通过收集数据构建排队论模型,从而缩短顾客在理发店的等待时间和增加收益。

**3. 课程团队**

负责本课程建设的团队骨干有郭海湘、王广民、於世为、翁克瑞、王小林、李龙锡、刘保山、石咏。

······ 精彩课堂 ······

教学团队以知识整合为核心,在教学中合理地融入课程思政,加强课程的思想价值引领。通过介绍钱学森、许国志、华罗庚等老一辈科学家在中国进行运筹学应用与推广的杰出事迹,以及国家关于"双碳""高质量发展"等的发展战略,将民族自信、家国情怀、系统思维、创新思维、合作共赢价值理念融入课堂,培养学生科技报国的家国情怀和责任担当意识,培养学生的系统思维和科学决策能力,启迪学生的探索和创新精神,将科技强国思想融入学生的内心深处。同时,融入古今中外的运筹学思想、兵法谋略、中庸之道等,活跃课堂教学氛围,使学生对枯燥乏味的专业知识产生浓厚的兴趣。

李龙锡老师授课

激发学生思考"碳达峰、碳中和"目标实现过程中的运筹学问题

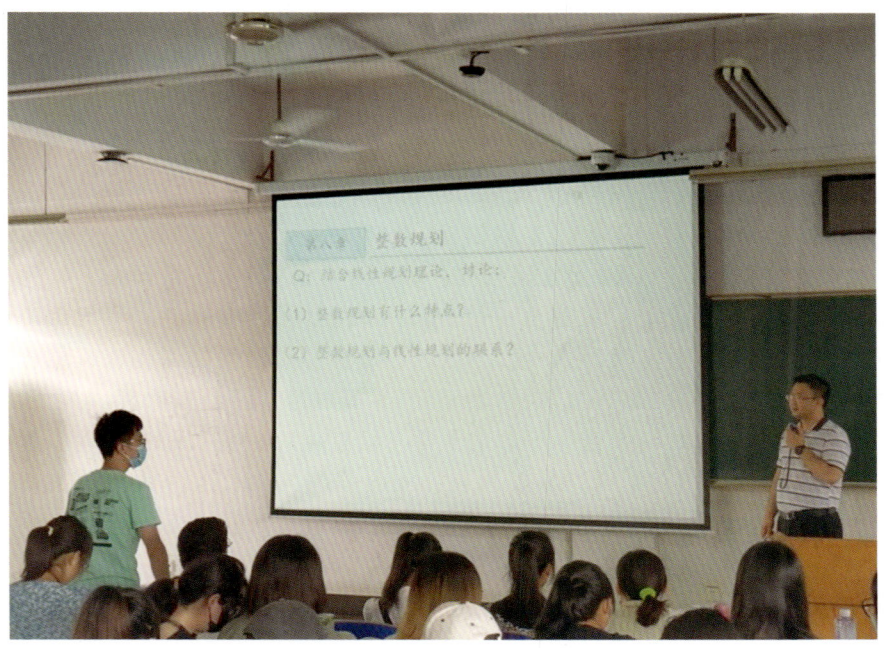
在引导学生思考与联想中培养创新思维

引导学生使用运筹学理论和方法解决前沿问题

## 五、课程名称：信息系统分析与设计

**1. 核心内容**

"信息系统分析与设计"是一门最能体现信息管理与信息系统专业特色的本科生高年级必修课程。课程以统一建模语言（Unified Modeling Language，UML）为载体，将面向对象的分析设计思想融入建模过程中，通过贯穿整个课程的实例将软件开发过程中方方面面的知识有机地结合在一起，运用精彩的事例和案例讲解复杂枯燥的软件操作流程。将思政内容与这一门专业特点鲜明的课程有机结合是本课程思政教育的关键。首先，将《大学之道》的学习内容贯穿整个课程，树立学生正确的学习观。再者，以"时空视角下的工业化与信息化"为主题，通过梳理中外历史轨迹中的重要节点，与学生探讨如下两个方面的问题：第一，西方的 3 次工业革命是如何对经济增长和社会变革以及世界格局的演变产生了广泛深远的影响。第二，中华人民共和国成立之后，在中国共产党的领导下，我们走在一条什么样的工业化道路上，为什么中国模式很难复制，为什么中国的复兴之路如此势不可当。

**2. 主要特色**

（1）授人以鱼不如授人以渔。课程教学的根本目的是帮助学生找到通往面向对象分析的大门，引导学生由点到面、由表及里，最后由对工具的使用上升到思想高度，从而能够自如地跳出工具使用的局限，真正从方法和思想的高度来看待和解决现实中的信息系统开发问题，提升学生信息系统分析与设计的理论水平和实战能力。

（2）树立正确的人生观和学习观。以《大学之道》经典片段为切入点，从最初的老师领诵、学生领诵，发展到集体朗诵、背诵。通过每周一次的集体朗诵和案例讲解，理解"三纲"（明明德、亲民、止于至善）、"八目"（格物、致知、诚意、正心、修身、齐家、治国、平天下）的深刻含义，做一个有素质的人。

（3）树立正确的历史观和价值观。从时空的视角讲述中外历史中的关键节点，重新审视 3 次工业革命和 3 次信息化浪潮的历史背景及其深刻影响，以事实和数据实证中国共产党领导的中国工业革命，明确以信管人的目标和责任，解决学生历史知识的碎片化问题，帮助学生学会独立分析和判断新闻事件，坚定中国特色社会主义的道路自信、理论自信、制度自信和文化自信。

**3. 课程团队**

负责本课程建设的团队骨干有李四福、郭明晶、江毅、朱镇、王飞。

...... 精彩课堂 ......

"信息系统分析与设计"课程的育人目标是在掌握信息化技术的专业理论知识

的基础上，加强工程项目应用能力，并及时了解信息化技术的新发展。根据本课程的特点，对照工程教育认证标准中关于学生工程与社会能力的要求，让学生能够在解决复杂系统设计问题时，具有较高的分析问题和解决问题的能力，同时能根据已有工程情况及时分析并合理提出问题。结合专业特点，本课程将党的路线方针政策、社会主义核心价值观、理想信念、职业道德等融入课堂，引导学生树立正确的世界观、人生观和价值观，认识工程对社会、健康、安全、法律及文化的影响，并理解自身应承担的责任。

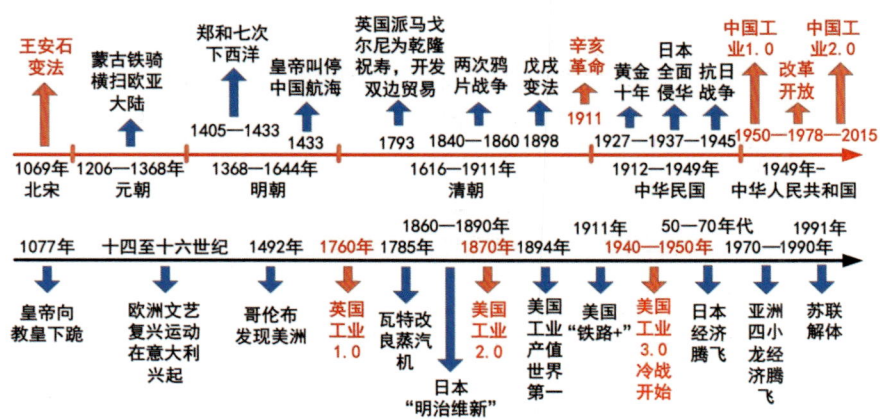

课程思政内容

课堂教学

小组课后讨论

# 第七章
# 会计系课程思政

## 第一节 会计系课程思政建设特色

(1)德业兼修,结合中华优秀传统文化强化会计职业道德的诚信教育。"德业兼修"是会计系近年来课程思政建设的主要抓手,是经济管理学院实施课程思政改革工作的重要组成部分。会计系从构建专业课程群课程思政建设方案入手,结合会计职业道德的诚信内核和中华优秀传统文化,探索会计专业课程群课程思政教学策略并付诸实践。课程思政建设主要涉及会计学和财务管理两大方面的核心课程群。

(2)立足学校特色,根据课程群进行课程思政建设。立足我校地质资源特色,整合高校和财经业界教学资源,梳理总结改革开放以来我国经济发展的重要成就,聚焦中国特色社会主义的发展进程以及党的十八大以来经济建设取得的重大成就,贯彻落实新发展观念,培养学生的爱国情感,使学生能够自觉践行社会主义核心价值观,坚定"四个自信",深刻把握"五位一体"总体布局和"四个全面"战略布局,培养学生的历史使命感和专业使命感。

## 第二节 会计系课程思政建设阶段性成果

**1. 将课程思政写进人才培养方案**

诚信是会计人员的生命线,是会计行业的立身之本,体现了党和国家对会计行业的底线要求。根据这个具体底线要求,会计系从人才培养方案源头入手,在培养方案中强调课程思政建设的重要性,强调加强思想政治素质和职业道德的培养。在会计学专业本科人才培养方案中专门开设了提升和增强学生职业道德修养的专业基础课"商业伦理"。在会计学专业硕士研究生培养方案中,在培养目标及基本要求、培养方式中特别强调了要培养学生良好的政治素质和良好的会计职业道德修养。

**2. 全面开展两大核心课程群课程思政建设**

在两大核心课程群里将思政教育与专业教育紧密融合,实现"调整教学内容、创新教学方法"的专业课程群思政教育目标,实现"知识传授"和"价值引领"的有机统一,在学校教育中不断加强会计职业道德教育,培养学生踏实做人、诚信做事的优良品格。

(1)专业教育与思政教育融合。将立德树人育人目标贯彻到课堂教学全过程、全方位、全员之中,推动思政课程与课程思政协同前行、相得益彰。

(2)注重知识传授和价值引领的有效结合。从大学生求知需求出发,遵循教学规律,立足人才培养目标和学科优势,将马克思列宁主义、毛泽东思想、邓小平理论、"三个代表"重要思想、科学发展观、习近平新时代中国特色社会主义思想、中华优秀传统文化以及其他有利于培养中国特色社会主义事业合格建设者和可靠接班人的一切积极有效的德育内容融入专业课程教学中,系统设计了这两个课程群的教学内容,使课堂教学成为思政教育的有效载体。

(3)创新教学方法,课堂思政与实践思政双管齐下。将思政元素注入课程群的全过程中,把人才培养在祖国的大地上。教学团队成员共同参与课程群中思政案例设计,围绕各个课程群各部分的教学特点,构建相应的教学案例,体现课程设计的教学目标和思政育人目标。

课堂内,灵活采用案例式教学、启发式教学、参与式教学等多种教学方法,激发学生积极动脑思考问题,主动参与课堂,切实提高学生的课堂"抬头率",将理论知识的讲授与客观经济现象、经济发展规律紧密结合,讲好会计学科的发展故事、会计发展道路选择的故事,增强学生的专业自豪感和使命感。

课堂外,利用专业认知实习和各课程教学实习以及最后的毕业实习等实践教学环节,注重培养理论知识与实践能力兼备的人才,强调学生的专业能力和思政能力的双提高,将又红又专的人才培养在祖国建设的大地上。

# 第三节 会计系课程思政示范课

## 一、课程名称:基础会计学

**1. 核心内容**

"基础会计学"是经济管理类专业的专业通识课。本课程以《企业会计准则》

《企业会计准则应用指南》《企业财务通则》为依据,以制造业企业为会计主体,以会计核算方法体系为主线,着重讲述财务会计的基本理论、基本方法、基本处理程序和基本操作技能。

"基础会计学"的主要教学目标是向企业的投资者、债权人、政府部门,以及社会公众提供会计信息。会计信息一旦失真就会传递错误信息,误导经济行为。从微观角度看,会计信息的影响渗透于生产经营活动的全过程,包含投资、融资、利益分配的决策、计划和控制等;从宏观角度看,会计信息的失真可能引起错误的社会经济政策出台,并带来严重的社会经济矛盾。

会计信息可靠的基础是客观、真实,这就要求企业和会计人员忠于事实、真实记录、真实核算、真实列报。所有会计人员必须以诚信为本,以操守为重,坚持准则,不做假账,保证会计信息的真实、可靠、公允。

**2. 课程团队**

负责本课程建设的团队骨干有李利华、屈文彬、任芳等。

**3. 主要特色**

(1)立足优秀的会计传统文化,讲好会计的传承与发展故事。结合会计发展历史让学生认识到经济越发展,会计越重要,在灿烂的中华文化中探求会计发展的重要作用。同时,结合改革开放以来经济发展取得的重大成就,说明会计的重要性。

(2)讲好会计诚信的重要性。2001年4月16日,时任国务院总理朱镕基在视察上海国家会计学院时,为该校题写校训"不做假账"。同年10月29日,朱镕基视察北京国家会计学院后,题字"诚信为本,操守为重,遵循准则,不做假账"。该题字后来被刻成碑。

以诚信为本是我国的传统美德,在任何一个时期,诚信都是各行各业所依赖的道德品质,是对每一位经济人的基本要求。但比较起来,诚信对会计职业尤其重要,因为财务人员的诚信不仅仅是市场经济社会的一种经济信用,更是对社会、对公众的一种责任,是财务人员对社会承担的一种义务,也是他们在会计行业的立命之本。所以说,诚信直接影响着会计行业的正常运转、正常经济秩序的维护。会计人员没有了诚信,真实、客观、公允的会计信息也就无从谈起,决策也就失去了可靠的依据。

以诚信为本,会计信息质量就有了保障,财务报告才能为会计信息使用者助力,会计工作才能持续规范、统一。

······ 精彩课堂 ······

在会计发展史中探求会计的作用

课堂上向学生传递"诚信为本,不做假账"的行业守则

教学相长:年轻教员与初涉会计领域的学生共同成长

实操环节学生相互探讨

实操环节学生埋头苦干

## 二、课程名称:中级财务会计

### 1. 核心内容

"中级财务会计"是研究会计理论、会计核算方法、企业资金运动的综合性技术科学,是会计学专业的专业必修课和主干课。它以工业企业的资金运动为研究对象,以会计信息系统的四大环节(会计要素的确认、计量、记录和报告)为主线,系统地分析引起六大会计要素变化的相关会计业务处理及会计信息提供所用到的基本原理和方法。它所阐述的基本程序和方法,既是财务会计知识体系中的主体部分,又是企业会计工作中最重要、最基本的内容;既是对"基础会计学"中揭示的基本理论、基本知识和基本方法的具体运用,又是进一步学习"高级财务会计"的必要前提和基础。

财务报告是会计核算工作的最终成果,其核心内容是会计报表。会计报表可分为为外部信息使用者服务的对外报送的财务报表和为内部信息使用者服务的内部会计报表。本课程详细分析会计报表项目的组成,深入讲解各个会计报表的编制方法。在这一过程中,以专业知识为依托,与思政元素相结合,讲好会计报表编制的"技"与"德"。

### 2. 课程团队

负责本课程建设的团队骨干有严汉民、叶新宇、王琳、赵文举等。

### 3. 主要特色

(1)结合准则的修订,讲好"科技是第一生产力"的观点。利润表的构成中费用扣除项目有"管理费用""销售费用""研发费用""财务费用",与前面章节中的期间费用描述不一致。2018年6月15日,财政部发布《关于修订印发2018年度一般企业财务报表格式的通知》,要求在利润表中新增"研发费用"项目,将"研发费用"在利润表中单独列报,即将传统的"财务费用""销售费用""管理费用"三大费用拆分成"四大费用"。

这样拆分的意义是什么呢?科技是第一生产力!

研发投入是创新能力的重要标志之一,科技创新处于国家发展全局的核心位置,科技自立自强正在快速从理念层面向实践层面转化。单独披露"研发费用",就是为了更好地从财务数据中了解企业的长远发展规划,了解企业发展后劲。

(2)以典型案例为切入点,讲好民营企业的发展故事。以华为为例,华为每年至少拿出收入的10%投入研发,持续十多年。用孟晚舟的话说,研发投入要像跑马拉松,而不是百米冲刺。华为能在竞争激烈的通信市场笑傲群雄,与产品、技术过硬分不开,这些又与华为研发领先的战略分不开。

## 精彩课堂

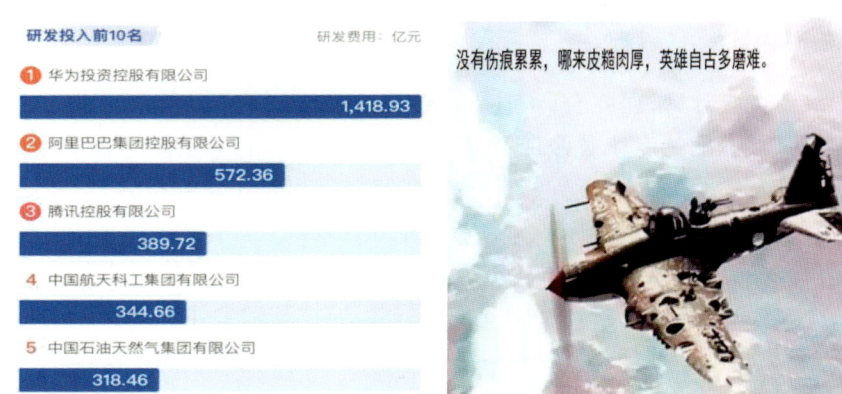

研发费用的核算很重要

课程团队就"中级财务会计"思政教学展开研讨

讲授合并业务的会计处理并强调遵循准则和合规披露的重要性

辅导学生进行案例讨论

### 三、课程名称：高级财务会计

**1. 核心内容**

"高级财务会计"是会计专业的一门核心专业课程，是企业财务会计学科体系的重要组成部分，所涉及的内容已经成为我国注册会计师、高级财会人员必备的专业知识。随着我国社会主义市场经济逐渐发展，新经济现象和经济业务不断出现，特别是跨国公司购并、期货交易、跨国经营、重组破产等经济现象频繁发生，这些"新特深难"的业务交易及事项成为"高级财务会计"课程的主要研究内容。

课程思政教学应从经济业务的理论基础、发展脉络、现实情境、未来走向等方面进行探索与讨论。

**2. 课程团队**

负责本课程建设的团队骨干有李月娥、邓九生、李斌等。

**3. 主要特色**

（1）结合并购浪潮的发展，强化"四个自信"教育。通过20世纪90年代国有企业改革案例的讲解，使学生了解当时企业兼并大潮的时代背景。分析对比几次合并浪潮的起起落落，讲解21世纪的并购新浪潮是跨国技术并购，而并购浪潮的重心在中国，核心是技术转移，且并购浪潮带动了资本、品牌、渠道、管理和人才的全球转移。2016年以来，中国海外并购规模占全球跨境并购规模的47%，并购浪潮主要集中在工业、农业、化工等领域，中国迎来了大并购的时代。

同时,本课程通过展现中国近些年取得的经济发展成就,强化"四个自信"教育,让学生明确了"四个全面""四个意识""两个维护"的重要内涵。

(2)结合商誉会计的确认与计量,强化独立客观、谨慎、公正公允等价值观。结合资本市场商誉暴雷的典型案例,通过价值观引领加深学生对商誉的确认与计量的学习和理解。引导学生辩证、客观、全面地分析问题,感受会计信息披露对资本市场健康发展的重要性。

······ 精彩课堂 ······

并购的发展使得商誉的确认尤为重要

案例分析与讨论

师生参加 2018 年中国生态环保大会

学习讨论同学已发表的学术论文

## 四、课程名称：注册会计师审计案例

**1. 核心内容**

"注册会计师审计案例"主要介绍审计流程在审计循环中的应用。本课程通过案例分析的教学方式，为学生剖析上市公司中存在的经营失败和会计师事务所审计失败的原因，重视审计思维和业务逻辑的训练，强化学生的道德观念和法治意识。本课程的主要框架如下。

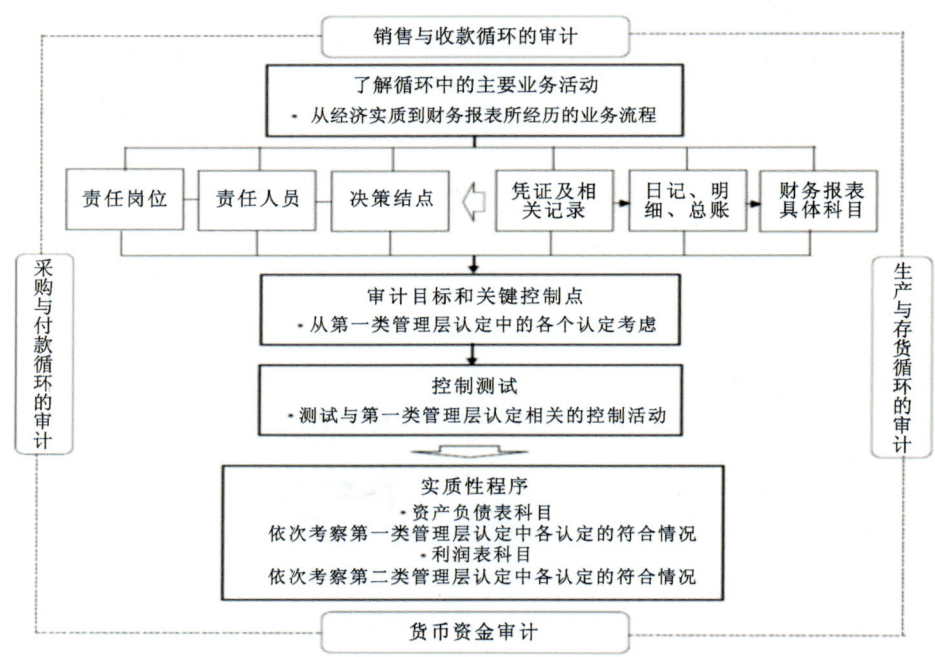

**2. 课程团队**

负责本课程建设的团队骨干有陶岚、汪长英、刘慧玲等。

**3. 主要特色**

(1)强专才，重视学生审计思维和业务逻辑的训练。通过审计循环的讲授，注意结合不同循环的特点，帮助学生确定不同循环中的不同的审计方向和审计重点。

(2)强德育，着重培养学生的道德观念和法治意识。通过典型案例的剖析，分析上市公司经营失败、会计师事务所审计失败的原因和审计风险。通过失败案例的分析，强化学生的道德观念和法治意识。

······ 精彩课堂 ······

学生汇报审计案例分析(一)

学生汇报审计案例分析(二)

学生汇报审计案例分析(三)

带领学生调研中审亚太会计师事务所湖北分所

## 五、课程名称:财务管理

### 1. 核心内容

"财务管理"是经济管理类专业的一门专业课,也是会计专业的一门专业必修主干课。本课程以企业财务目标为中心,以筹资、投资、营运和分配管理为主要内容,介绍现代财务管理的基本理论和方法及其具体应用,旨在教授学生企业财务管理基本理论、基本知识和基本技能。

企业财务管理目标取决于企业目标。财务管理目标具有体制性特征,整个社会经济体制、经济模式和企业所采用的组织制度,在很大程度上决定了企业财务管理目标的方向。

课程思政教学应以企业财务管理目标为切入点,通过横向和纵向对比分析,对学生的世界观和价值观进行引导。

**2. 课程团队**

负责本课程建设的团队骨干有汪长英、杨洁、金春来、杨海霞等。

**3. 主要特色**

(1)采用典型案例分析,说明社会主义制度下财务管理目标的协调性。财务目标是公司理财活动所希望实现的结果,是评价公司理财活动是否合理的基本标准,是一切财务活动的出发点和归宿。最具有代表性的财务管理目标有以下几种:利润最大化、股东财富最大化、企业价值最大化。

本课程以华为、京东等企业为例,引导学生关注社会主义制度下财务管理目标的宏观性和微观性的协调,强调具体的企业目标(微观目标)必须与我国的发展目标相一致,企业利益必须服从国家利益。

(2)思政教学进慕课,拓展"财务管理"课程思政阵地。"财务管理"是我校重点建设的慕课课程之一,已在中国大学 MOOC 上线。在慕课讲授中,教师们根据各章内容恰当引入思政元素,注重对学习者的价值观引领和重塑。

······ 精彩课堂 ······

案例素材:企业财务管理目标

"财务管理"慕课课程

展开供应链创新研讨以应对西方关键技术"卡脖子"的问题

案例讨论课堂:如何通过报表数据分析公司的投资价值

角色扮演、模拟情景教学:定位供应商与企业之间的相互关系

## 六、课程名称:企业价值评估

### 1. 核心内容

"企业价值评估"以公司理财和资产评估的基础理论为前提,系统地阐述了企业价值评估的基本概念、基本程序和基本方法。课程内容聚焦企业价值评估的基础、价值评估的程序等基本理论以及企业价值评估方法的基本原理、应用步骤和适用范围。在国务院国有资产监督管理委员会强内控、防风险的背景下,课程可结合内部控制与风险管理的相关知识进行讲授。

课程思政应从企业价值的影响因素入手,结合大数据背景,通过对企业家精神、企业家社会责任,企业内部控制活动与企业价值之间的关系的讲授,引导学生树立正确的人生观、价值观,强调学生要有社会责任感。

### 2. 课程团队

负责本课程建设的团队骨干有周远祺、李鹏飞、王然等。

### 3. 主要特色

(1)思政教学融入线上线下混合教学模式。近年来,由于受多重国际国内因素影响,很多课程采用了线上线下混合教学模式,甚至全部采取线上教学模式。即便如此,本课程正常的教学活动从未受到干扰,思政教学也从未懈怠。教学团队一直在教学中不断探索,教学效果受到督导和学生好评。

(2)通过案例教学,植入思政元素,加强社会责任教育。通过典型案例教学与研讨,明确企业家诚信、企业家精神、企业家社会责任等知识点,从而引导学生树立正确的人生观、价值观,强调学生要有社会责任感。

······ 精彩课堂 ······

督导（原中国地质大学副校长）杨昌明老师对案例讨论课给予高度评价

学生分组积极讨论并委派代表发言

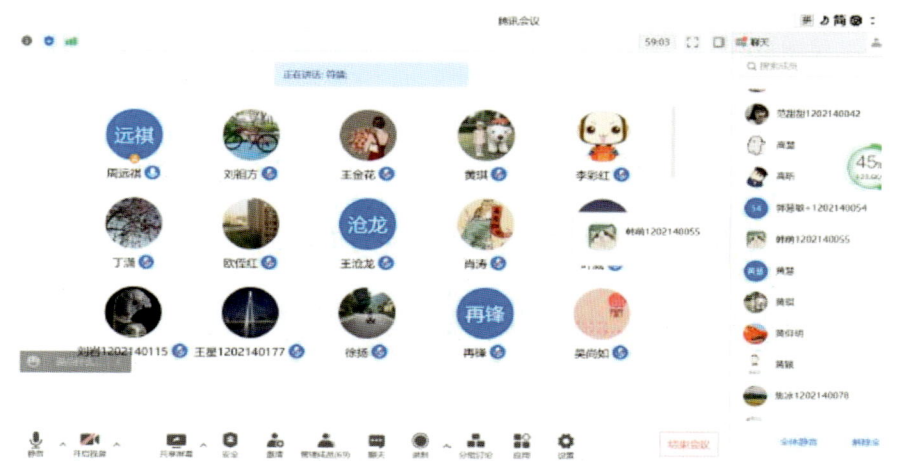

线上组织教学案例讨论

学生对"大数据在企业中的应用价值"专题进行学习汇报

师生在院士长廊共同学习

## 七、课程:税务筹划

### 1. 核心内容

税务筹划是指在不违反国家有关法律和国际公认准则的前提下,为实现企业财务目标而进行的,旨在减轻、减缓税收负担的一种税务谋划或安排。根据现代企业制度的权利义务观,税务筹划是纳税人的一项基本权利。"税务筹划"课程以税务筹划内容和方法为核心,讲授税务筹划概论、现行各税种的筹划内容和方法,以及企业生命周期的税务筹划。课程思政教学以有效激发学生的爱国情怀为目的,培养学生道路自信、理论自信、制度自信和文化自信。

**2. 课程团队**

负责本课程建设的团队骨干有马莉丽、李江涛、吉仕红等。

**3. 主要特色**

(1)通过政策解读、案例分析与讨论、国情分析等教学方式加深学生对企业所得税的学习和理解,让学生从实践中看到中国社会主义制度的优越性。2019年12月,我国发生新型冠状病毒感染疫情,疫情来势汹汹,对全国人民的正常工作和生活造成了极大影响。尤其是湖北省,当时处于国内首发疫情的中心,受新冠肺炎疫情影响,企业效益差、生存困难。面对这些问题,国家从宏观层面实施大规模减税,帮助企业渡过难关。

"共克时艰、抗击疫情,税收在行动"。我们选择湖北省的几家企业来了解以上财税政策给企业带来的影响。通过对企业的减税政策实施效果的学习分析,让学生从实践中看到中国社会主义制度的优越性,看到制度保障给广大人民群众带来的安全感,从而坚定学生的理论自信和道路自信。学生坚定地相信我们所走的道路是唯一正确道路,这条道路能够引领中国进步、增进民生福祉、实现民族复兴。

(2)密切结合当前经济热点和税收热点问题,通过分析比较加强学生的社会责任感。2021年12月,浙江省杭州市税务局稽查局经税收大数据分析发现,某头部网络主播在2019年至2020年期间,通过隐匿个人收入、虚构业务转换收入性质、虚假申报等方式偷逃税款6.43亿元,其他少缴税款0.6亿元。国家税务总局杭州市税务局稽查局依法对某主播做出税务行政处理处罚决定,追缴税款、加收滞纳金并处罚款共计13.41亿元。

公众茶余饭后对这次分布的逃税事件议论诸多,从1年时间逃税的数额高达6亿多元来看,头部主播的个人所得是普通百姓心目中的天文数字。

随着直播经济蓄力已久,商业模式逐步成熟,直播带货的队伍日益壮大。直播带货如何能合法地筹划所得税?某主播曾经的税务代理人是怎么对违法行为进行"筹划"?通过对这些问题的分析讨论,进一步强化了学生依法纳税、履行社会责任、正确进行税务筹划的观念。

······ 精彩课堂 ······

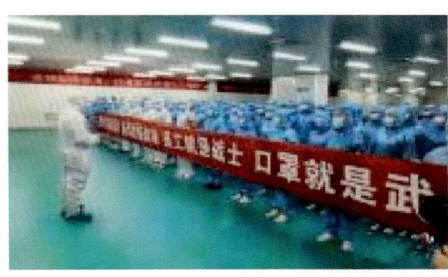

案例企业:稳健医疗(黄冈)有限公司

案例企业:宜昌人福药业有限责任公司

讲解直播带货的个税筹划

## 八、课程名称:系列实践课程

### 1. 核心内容

(1)专业认知实习。组织学生到企业实地参观学习,通过对企业生产经营活动的了解,进一步探求企业资金运动过程,初步认识会计工作环境、会计机构的设立、会计部门在企业中的地位和作用,进而形成对会计职业的感性认识。

(2)会计循环综合实训。在完成"基础会计学""中级财务会计"等课程的学习后,组织学生开展会计凭证→会计账簿→会计报表整个会计业务循环过程的实操训练,在实际动手过程中,培养学生专注、细致、谨慎的工作态度,让学生切身感受会计工作的难与易、痛苦与快乐。在这个过程中,让学生进一步领会诚信内核的深刻含义,进一步领会会计工作的重要性。

(3)ERP管理软件综合实训。该综合实训一般安排在第六学期完成。在本科高年级阶段,全面运用ERP(Enterprise Resource Planning)管理软件,完成财务会计系统、供应链系统、应收应付系统、人力资源管理系统、固定资产管理系统、现金管理系统等ERP模块的操作与训练。通过上机操作,让学生理解信息技术给会计行业带来的巨大冲击,以及为适应信息技术的发展,会计行业所做出的一系列调整和变革。

(4)大数据会计综合实训。该综合实训一般安排在第七学期完成。通过运用财务共享软件、RPA(Robotic Process Automa)软件、资本运营软件等,让学生了解和掌握会计实务的发展以及会计工作的热点、前沿。一方面,锻炼学生初涉职场的必备技能;另一方面,通过对大学知识的综合运用和梳理,让学生进一步明确自己的前进方向和职业定位。

(5)毕业实习。一般安排在第七学期下半学期和第八学期初完成。在此时期,学生进入各类企事业单位、会计师事务所进行为期不少于9周的毕业实习。在实际工作岗位上,磨炼学生的心性和意志,让他们在实务中进一步体会会计诚信的内涵、会计信息质量要求的合理性与重要性,在真实情境中进一步体会会计工作的平凡与伟大。

**2. 课程团队**

本课程的建设由全体会计系教师共同参与,主要带队老师有汪长英、屈文彬、王琳、周远祺、杨洁等。

**3. 主要特色**

(1)实践出真知,只有听过、见过、做过,才能做对,才能到达成功的彼岸。"纸上得来终觉浅,绝知此事要躬行"。每一次实践课程环节的开展,都是为了巩固学生在课堂所学,让学生从听过、见过过渡到真实动手去做,在动手实践中进一步提高专业技能和职业道德修养,做社会主义事业又红又专的建设者。

(2)在实践中感受新时代中国特色社会主义取得的伟大成就,强化使命感和责任感。"梅花香自苦寒来"。没有中国共产党的正确领导、没有几代人的砥砺奋进,哪有中国如今的新时代格局。作为年青一代,同学们要为实现中华民族伟大复兴的中国梦而奋斗终身,要肩负时代使命、强化责任担当。

·······精彩课堂·······

认知实习：实地参观武汉钢铁集团（现中国宝武钢铁集团有限公司）

现场听从工人师傅指挥，有序参观

师生参观生产车间

会计循环综合实训(一)

会计循环综合实训(二)

ERP 软件综合实训(一)

ERP 软件综合实训（二）

在中铁电气化局财务共享服务中心参观学习

财务共享课程师资培训

会计系课程思政实现了全员参与、全课程覆盖的建设目标。在系里开展日常教学研讨时,课程思政建设问题一直都是交流和探讨的主要议题之一。老师们在课程思政的路上不断探索、不断前进。课程思政建设永远在路上,没有最好,只有更好,对学生思想政治素质的培养永远没有终点!